2025

ffeiloffaith

y lolfa

Cyhoeddwyd ac argraffwyd yng Nghymru gan
Y Lolfa Cyf., Talybont, Ceredigion SY24 5HE
ffôn (01970) 832 304
e-bost ylolfa@ylolfa.com
gwefan www.ylolfa.com

Manylion Personol

Enw

Cyfeiriad

Rhif ffôn

Ffôn symudol

E-bost

Gwefan

Cyfeiriad gwaith

Rhif ffôn

E-bost

Gwefan

Nodiadau

Gwyliau a Digwyddiadau

Gwyliau Banc *Bank Holidays*

Ionawr 1 *January*	Gŵyl Banc Dydd Calan *New Year's Day Bank Holiday*
Ebrill 18 *April*	Dydd Gwener y Groglith *Good Friday*
Ebrill 21 *April*	Dydd Llun y Pasg *Easter Monday*
Mai 5 *May*	Gŵyl Banc Calan Mai *May Day Bank Holiday*
Mai 26 *May*	Gŵyl Banc y Sulgwyn *Whitsun Bank Holiday*
Awst 25 *August*	Gŵyl Banc Awst *August Bank Holiday*
Rhagfyr 25 *December*	Gŵyl Banc Dydd Nadolig *Christmas Day Bank Holiday*
Rhagfyr 26 *December*	Gŵyl Banc San Steffan *Boxing Day Bank Holiday*

Gwyliau Cymreig *Welsh Holidays*

Ionawr 11 *January*	Diwrnod Williams Pantycelyn *Williams Pantycelyn's Day*
Ionawr 25 *January*	Dydd Santes Dwynwen *St Dwynwen's Day*
Mawrth 1 *March*	Dydd Gŵyl Dewi *St David's Day*
Mai 17 *May*	Diwrnod Rhyngwladol Twm Siôn Cati *International Twm Siôn Cati Day*
Mehefin 12 *June*	Dydd y Dywysoges Gwenllian *Princess Gwenllian's Day*
Awst 12 *August*	Diwrnod Ann Griffiths *Ann Griffiths' Day*
Medi 16 *September*	Dydd Owain Glyndŵr *Owain Glyndŵr's Day*
Medi 30 *September*	Diwrnod Waldo *Waldo's Day*
Hydref 11 *October*	Diwrnod T. Llew Jones *T. Llew Jones' Day*
Rhagfyr 11 *December*	Dydd Llywelyn yr Ail *Llywelyn II's Day*

Digwyddiadau Eraill *Other Events*

Ionawr 27 *January*	Diwrnod Cofio'r Holocost *Holocaust Memorial Day*
Chwefror 14 *February*	Dydd Miwsig Cymru
Mawrth 1 *March*	Gorymdaith Genedlaethol Gŵyl Dewi, Caerdydd *National St David's Day Parade, Cardiff*
Mawrth 6 *March*	Diwrnod y Llyfr *World Book Day*
Mawrth 14 *March*	Diwrnod Pai Cymru *Pi Day Cymru*
Ebrill 6 *April*	Blwyddyn dreth newydd yn dechrau *New tax year starts*
Ebrill 22-26 *April*	Yr Ŵyl Ban Geltaidd, Iwerddon *Pan Celtic Festival, Ireland*
Mai 11-17 *May*	Wythnos Cymorth Cristnogol *Christian Aid Week*
Mai 17-18 *May*	Gŵyl Tyddyn a Chefn Gwlad, Llanelwedd *Smallholding and Countryside Festival*
Mai 18 *May*	Dydd Neges Heddwch ac Ewyllys Da yr Urdd *Urdd's Peace and Goodwill Message Day*
Mai 26-31 *May*	Eisteddfod yr Urdd, Parc Margam *Urdd National Eisteddfod, Margam Park*
Mehefin 13 *June*	Sioe Addysg Genedlaethol, Llandudno *National Education Show, Llandudno*
Gorffennaf 8-13 *July*	Eisteddfod Gerddorol Ryngwladol Llangollen *International Musical Eisteddfod, Llangollen*
Gorffennaf 17-20 *July*	Sesiwn Fawr Dolgellau
Gorffennaf 21-24 *July*	Sioe Frenhinol Cymru, Llanelwedd *Royal Welsh Show*
Awst 2-9 *August*	Eisteddfod Genedlaethol, Wrecsam *National Eisteddfod*
Hydref 3 *October*	Sioe Addysg Genedlaethol, Utilita Arena, Caerdydd *National Education Show, Utilita Arena, Cardiff*
Hydref 15 *October*	Diwrnod Shwmae Su mae
Hydref 24 *October*	Dydd y Cenhedloedd Unedig *United Nations Day*
Tachwedd 8 *November*	Gŵyl Cerdd Dant (lleoliad i'w gadarnhau) *Cerdd Dant Festival (venue to be confirmed)*
Tachwedd 9 *November*	Sul y Cofio *Remembrance Sunday*
Tachwedd 24-25 *November*	Ffair Aeaf, Llanelwedd *Winter Fair*

Calendr 2025

Ionawr

Llun	Maw	Mer	Iau	Gwe	Sad	Sul
		1	2	3	4	5
6	7	8	9	10	11	12
13	14	15	16	17	18	19
20	21	22	23	24	25	26
27	28	29	30	31		

Chwefror

Llun	Maw	Mer	Iau	Gwe	Sad	Sul
					1	2
3	4	5	6	7	8	9
10	11	12	13	14	15	16
17	18	19	20	21	22	23
24	25	26	27	28		

Mawrth

Llun	Maw	Mer	Iau	Gwe	Sad	Sul
					1	2
3	4	5	6	7	8	9
10	11	12	13	14	15	16
17	18	19	20	21	22	23
24	25	26	27	28	29	30
31						

Ebrill

Llun	Maw	Mer	Iau	Gwe	Sad	Sul
	1	2	3	4	5	6
7	8	9	10	11	12	13
14	15	16	17	18	19	20
21	22	23	24	25	26	27
28	29	30				

Mai

Llun	Maw	Mer	Iau	Gwe	Sad	Sul
			1	2	3	4
5	6	7	8	9	10	11
12	13	14	15	16	17	18
19	20	21	22	23	24	25
26	27	28	29	30	31	

Mehefin

Llun	Maw	Mer	Iau	Gwe	Sad	Sul
						1
2	3	4	5	6	7	8
9	10	11	12	13	14	15
16	17	18	19	20	21	22
23	24	25	26	27	28	29
30						

Gorffennaf

Llun	Maw	Mer	Iau	Gwe	Sad	Sul
	1	2	3	4	5	6
7	8	9	10	11	12	13
14	15	16	17	18	19	20
21	22	23	24	25	26	27
28	29	30	31			

Awst

Llun	Maw	Mer	Iau	Gwe	Sad	Sul
				1	2	3
4	5	6	7	8	9	10
11	12	13	14	15	16	17
18	19	20	21	22	23	24
25	26	27	28	29	30	31

Medi

Llun	Maw	Mer	Iau	Gwe	Sad	Sul
1	2	3	4	5	6	7
8	9	10	11	12	13	14
15	16	17	18	19	20	21
22	23	24	25	26	27	28
29	30					

Hydref

Llun	Maw	Mer	Iau	Gwe	Sad	Sul
		1	2	3	4	5
6	7	8	9	10	11	12
13	14	15	16	17	18	19
20	21	22	23	24	25	26
27	28	29	30	31		

Tachwedd

Llun	Maw	Mer	Iau	Gwe	Sad	Sul
					1	2
3	4	5	6	7	8	9
10	11	12	13	14	15	16
17	18	19	20	21	22	23
24	25	26	27	28	29	30

Rhagfyr

Llun	Maw	Mer	Iau	Gwe	Sad	Sul
1	2	3	4	5	6	7
8	9	10	11	12	13	14
15	16	17	18	19	20	21
22	23	24	25	26	27	28
29	30	31				

Calendr 2026

Ionawr

Llun	Maw	Mer	Iau	Gwe	Sad	Sul
			1	2	3	4
5	6	7	8	9	10	11
12	13	14	15	16	17	18
19	20	21	22	23	24	25
26	27	28	29	30	31	

Chwefror

Llun	Maw	Mer	Iau	Gwe	Sad	Sul
						1
2	3	4	5	6	7	8
9	10	11	12	13	14	15
16	17	18	19	20	21	22
23	24	25	26	27	28	

Mawrth

Llun	Maw	Mer	Iau	Gwe	Sad	Sul
						1
2	3	4	5	6	7	8
9	10	11	12	13	14	15
16	17	18	19	20	21	22
23	24	25	26	27	28	29
30	31					

Ebrill

Llun	Maw	Mer	Iau	Gwe	Sad	Sul
		1	2	3	4	5
6	7	8	9	10	11	12
13	14	15	16	17	18	19
20	21	22	23	24	25	26
27	28	29	30			

Mai

Llun	Maw	Mer	Iau	Gwe	Sad	Sul
				1	2	3
4	5	6	7	8	9	10
11	12	13	14	15	16	17
18	19	20	21	22	23	24
25	26	27	28	29	30	31

Mehefin

Llun	Maw	Mer	Iau	Gwe	Sad	Sul
1	2	3	4	5	6	7
8	9	10	11	12	13	14
15	16	17	18	19	20	21
22	23	24	25	26	27	28
29	30					

Gorffennaf

Llun	Maw	Mer	Iau	Gwe	Sad	Sul
		1	2	3	4	5
6	7	8	9	10	11	12
13	14	15	16	17	18	19
20	21	22	23	24	25	26
27	28	29	30	31		

Awst

Llun	Maw	Mer	Iau	Gwe	Sad	Sul
					1	2
3	4	5	6	7	8	9
10	11	12	13	14	15	16
17	18	19	20	21	22	23
24	25	26	27	28	29	30
31						

Medi

Llun	Maw	Mer	Iau	Gwe	Sad	Sul
	1	2	3	4	5	6
7	8	9	10	11	12	13
14	15	16	17	18	19	20
21	22	23	24	25	26	27
28	29	30				

Hydref

Llun	Maw	Mer	Iau	Gwe	Sad	Sul
			1	2	3	4
5	6	7	8	9	10	11
12	13	14	15	16	17	18
19	20	21	22	23	24	25
26	27	28	29	30	31	

Tachwedd

Llun	Maw	Mer	Iau	Gwe	Sad	Sul
						1
2	3	4	5	6	7	8
9	10	11	12	13	14	15
16	17	18	19	20	21	22
23	24	25	26	27	28	29
30						

Rhagfyr

Llun	Maw	Mer	Iau	Gwe	Sad	Sul
	1	2	3	4	5	6
7	8	9	10	11	12	13
14	15	16	17	18	19	20
21	22	23	24	25	26	27
28	29	30	31			

Gwener 27

Sadwrn 28

Sul 29

Rhagfyr 2024 Ionawr 2025

30 Llun

31 Mawrth

1 Mercher Dydd Calan

2 Iau

Gwener 3

Sadwrn 4

Sul 5

Ionawr 2025

6 Llun

7 Mawrth

8 Mercher

9 Iau

Gwener 10

Sadwrn 11

Diwrnod Williams Pantycelyn

Sul 12

Ionawr 2025

13 Llun

14 Mawrth

15 Mercher

16 Iau

Gwener 17

Sadwrn 18

Sul 19

Ionawr 2025

20 Llun

21 Mawrth

22 Mercher

23 Iau

Gwener 24

Dydd Santes Dwynwen

Sadwrn 25

Sul 26

27 Llun

Diwrnod Cofio'r Holocost

28 Mawrth

29 Mercher

30 Iau

Gwener 31

Sadwrn 1

Sul 2

Chwefror 2025

3 Llun

4 Mawrth

5 Mercher

6 Iau

Gwener **7**

Sadwrn **8**

Sul **9**

Chwefror 2025

10 Llun

11 Mawrth

12 Mercher

13 Iau

Wythnos 7

Dydd Miwsig Cymru

Gwener 14

Sadwrn 15

Sul 16

Chwefror 2025

17 Llun

18 Mawrth

19 Mercher

20 Iau

Gwener 21

Sadwrn 22

Sul 23

Chwefror Mawrth 2025

24 Llun

25 Mawrth

26 Mercher

27 Iau

Gwener **28**

Sadwrn **1**

Dydd Gŵyl Dewi

Gorymdaith Genedlaethol
Gŵyl Dewi, Caerdydd

Sul **2**

Mawrth 2025

3 Llun

4 Mawrth — Dydd Mawrth Ynyd

5 Mercher — Dydd Mercher y Lludw

6 Iau — Diwrnod y Llyfr

Gwener 7

Sadwrn 8

Sul 9

Mawrth 2025

10 Llun

11 Mawrth

12 Mercher

13 Iau

Diwrnod Pai (π) Cymru

Gwener 14

Sadwrn 15

Sul 16

Mawrth 2025

17 Llun

18 Mawrth

19 Mercher

20 Iau

Alban Eilir
(Cyhydnos y Gwanwyn)

Gwener 21

Sadwrn 22

Sul 23

Mawrth 2025

24 Llun

25 Mawrth

26 Mercher

27 Iau

Wythnos 13

Gwener 28

Sadwrn 29

Sul 30

🕒 + 1
Sul y Mamau

31 Llun

1 Mawrth

2 Mercher

3 Iau

Gwener 4

Sadwrn 5

Sul 6

Blwyddyn dreth
newydd yn dechrau

Ebrill 2025

7 Llun

8 Mawrth

9 Mercher

10 Iau

Wythnos 15

Gwener 11

Sadwrn 12

Sul 13

Sul y Blodau

Ebrill 2025

14 Llun

15 Mawrth

16 Mercher

17 Iau

Dydd Gwener y Groglith

Gwener **18**

Sadwrn **19**

Dydd Sul y Pasg

Sul **20**

21 Llun
Dydd Llun y Pasg

22 Mawrth
Yr Ŵyl Ban Geltaidd, Iwerddon

23 Mercher

24 Iau

Gwener 25

Sadwrn 26

Sul 27

28 Llun

29 Mawrth

30 Mercher

1 Iau

Gwener **2**

Sadwrn **3**

Sul **4**

Mai 2025

5 Llun — Gŵyl Banc Calan Mai

6 Mawrth

7 Mercher

8 Iau

Gwener **9**

Sadwrn **10**

Wythnos Cymorth Cristnogol

Sul **11**

12 Llun

13 Mawrth

14 Mercher

15 Iau

Gwener 16

Sadwrn 17

Diwrnod Rhyngwladol
Twm Siôn Cati

Gŵyl Tyddyn a Chefn Gwlad,
Llanelwedd

Sul 18

Dydd Neges Heddwch
ac Ewyllys Da yr Urdd

19 Llun

20 Mawrth

21 Mercher

22 Iau

Gwener 23

Sadwrn 24

Sul 25

26 Llun

Gŵyl Banc y Sulgwyn

Eisteddfod yr Urdd, Parc Margam

27 Mawrth

28 Mercher

29 Iau

Gwener 30

Sadwrn 31

Sul 1

Mehefin 2025

2 Llun

3 Mawrth

4 Mercher

5 Iau

Wythnos 23

Gwener **6**

Sadwrn **7**

Sul **8**

Mehefin 2025

9 Llun

10 Mawrth

11 Mercher

12 Iau Dydd y Dywysoges Gwenllian

Sioe Addysg Genedlaethol, Llandudno

Gwener 13

Sadwrn 14

Sul y Tadau

Sul 15

Mehefin 2025

16 Llun

17 Mawrth

18 Mercher

19 Iau

Gwener **20**

Alban Hefin (Heuldro'r Haf)

Sadwrn **21**

Sul **22**

Mehefin 2025

23 Llun

24 Mawrth

Gŵyl Ifan

25 Mercher

26 Iau

Gwener 27

Sadwrn 28

Sul 29

Mehefin Gorffennaf 2025

30 Llun

1 Mawrth

2 Mercher

3 Iau

Gwener 4

Sadwrn 5

Sul 6

Gorffennaf 2025

7 Llun

8 Mawrth

Eisteddfod Gerddorol
Ryngwladol Llangollen

9 Mercher

10 Iau

Wythnos 28

Gwener **11**

Sadwrn **12**

Sul **13**

Gorffennaf 2025

14 Llun

15 Mawrth

16 Mercher

17 Iau

Sesiwn Fawr Dolgellau

Gwener 18

Sadwrn 19

Sul 20

Gorffennaf 2025

21 Llun
Sioe Frenhinol Cymru, Llanelwedd

22 Mawrth

23 Mercher

24 Iau

Gwener 25

Sadwrn 26

Sul 27

Gorffennaf Awst 2025

28 Llun

29 Mawrth

30 Mercher

31 Iau

Wythnos 31

Gwener 1

Sadwrn 2

Eisteddfod Genedlaethol
Wrecsam

Sul 3

Awst 2025

4 Llun

5 Mawrth

6 Mercher

7 Iau

Gwener **8**

Sadwrn **9**

Sul **10**

Awst 2025

11 Llun

12 Mawrth Diwrnod Ann Griffiths

13 Mercher

14 Iau

Gwener 15

Sadwrn 16

Sul 17

18 Llun

19 Mawrth

20 Mercher

21 Iau

Gwener 22

Sadwrn 23

Sul 24

Awst 2025

25 Llun — Gŵyl Banc Awst

26 Mawrth

27 Mercher

28 Iau

Gwener 29

Sadwrn 30

Sul 31

Medi 2025

1 Llun

2 Mawrth

3 Mercher

4 Iau

Wythnos 36

Gwener **5**

Sadwrn **6**

Sul **7**

Medi 2025

8 Llun

9 Mawrth

10 Mercher

11 Iau

Wythnos 37

Gwener **12**

Sadwrn **13**

Sul **14**

Medi 2025

15 Llun

16 Mawrth

Dydd Owain Glyndŵr

17 Mercher

18 Iau

Gwener 19

Sadwrn 20

Sul 21

22 Llun

Alban Elfed
(Cyhydnos yr Hydref)

23 Mawrth

24 Mercher

25 Iau

Gwener 26

Sadwrn 27

Sul 28

Medi Hydref 2025

29 Llun

30 Mawrth

Diwrnod Waldo

1 Mercher

2 Iau

Sioe Addysg Genedlaethol, Caerdydd

Gwener 3

Sadwrn 4

Sul 5

Hydref 2025

6 Llun

7 Mawrth

8 Mercher

9 Iau

Gwener **10**

Diwrnod T. Llew Jones

Sadwrn **11**

Sul **12**

Hydref 2025

13 Llun

14 Mawrth

15 Mercher Diwrnod Shwmae Su mae

16 Iau

Gwener 17

Sadwrn 18

Sul 19

Hydref 2025

20 Llun

21 Mawrth

22 Mercher

23 Iau

Dydd y Cenhedloedd Unedig

Gwener 24

Sadwrn 25

-1

Sul 26

Hydref Tachwedd 2025

27 Llun

28 Mawrth

29 Mercher

30 Iau

Wythnos 44

Calan Gaeaf

Gwener 31

Sadwrn 1

Sul 2

Tachwedd 2025

3 Llun

4 Mawrth

5 Mercher Noson Guto Ffowc

6 Iau

Gwener **7**

Sadwrn **8**

Gŵyl Cerdd Dant (lleoliad i'w gadarnhau)

Sul **9**

Sul y Cofio

Tachwedd 2025

10 Llun

11 Mawrth

12 Mercher

13 Iau

Gwener 14

Sadwrn 15

Sul 16

Tachwedd 2025

17 Llun

18 Mawrth

19 Mercher

20 Iau

Wythnos 47

Gwener **21**

Sadwrn **22**

Sul **23**

Tachwedd 2025

24 Llun

Ffair Aeaf, Llanelwedd

25 Mawrth

26 Mercher

27 Iau

Gwener 28

Sadwrn 29

Sul 30

Rhagfyr 2025

1 Llun

2 Mawrth

3 Mercher

4 Iau

Gwener 5

Sadwrn 6

Sul 7

Rhagfyr 2025

8 Llun

9 Mawrth

10 Mercher

11 Iau Dydd Llywelyn yr Ail

Wythnos 50

Gwener 12

Sadwrn 13

Sul 14

Rhagfyr 2025

15 Llun

16 Mawrth

17 Mercher

18 Iau

Gwener **19**

Sadwrn **20**

Alban Arthan (Heuldro'r Gaeaf)

Sul **21**

22 Llun

23 Mawrth

24 Mercher

25 Iau Dydd Nadolig

Gŵyl San Steffan

Gwener **26**

Sadwrn **27**

Sul **28**

Rhagfyr 2025 Ionawr 2026

29 Llun

30 Mawrth

31 Mercher

1 Iau Dydd Calan

Gwener 2

Sadwrn 3

Sul 4

Cyfeiriadur

LLINELLAU CYMORTH CYMRAEG

Wrth ffonio'r rhifau canlynol gallwch drafod eich busnes drwy gyfrwng y Gymraeg:

Adran Gwaith a Phensiynau ☎ 0800 731 0453
Arolwg Ordnans
☎ 08456 050 504
Asiantaeth Safonau Bwyd
☎ 029 20 678999
Barclays ☎ 0333 202 7450
BBC ☎ 03703 500 700
BT ☎ 0800 800 288
Ymholiadau rhifau ffôn
☎ 118 404
Cofrestrfa Tir ☎ 0300 006 0422
Comisiwn Brenhinol Henebion Cymru
☎ 01970 621 200
Comisiwn Etholiadol
☎ 029 20 346800
Comisiynydd y Gymraeg
☎ 0345 603 3221
Cyfoeth Naturiol Cymru
☎ 0800 807060 (llinell argyfwng)
☎ 0300 065 3000 (ymholiadau cyffredinol)
☎ 0345 988 1188 (Floodline)
Cyngor Chwaraeon Cymru
☎ 029 20 300500
Cyngor Gofal Cymru
☎ 029 20 226257
Cyllid y Wlad ☎ 0300 200 1900
Cymorth i Fenywod
☎ 0808 8010 800
Cynilion Cenedlaethol
☎ 0800 7833368
DVLA ☎ 0300 7906819
Dŵr Cymru ☎ 0800 052 6058
Epilepsy Action ☎ 0808 800 5050
Galw Iechyd Cymru
☎ 0845 46 47
Gwasanaeth Cynhaliaeth Plant
☎ 0800 232 1979
Gwasanaeth Darllen Mesuryddion
☎ 0800 027 1138
Gwasanaeth Pasbort
☎ 0300 222 0000
Llyfrgell Genedlaethol Cymru
☎ 01970 632800
Llysoedd *Rheithgorau*
☎ 0800 590 416
Llywodraeth Cymru
☎ 03000 604400
MEIC ☎ Neges destun: 84001
NatWest ☎ 01248 671222
NSPCC Cymru ☎ 02920108080
Nwy Prydain ☎ 0333 202 9630
Ofcom ☎ 029 20 467200
Parcelforce ☎ 0344 800 5550
Remploy ☎ 0845 155 2710
S4C *Gwifren Gwylwyr*
☎ 0370 600 4141
Samariaid ☎ 0808 164 0123
Scottish Power–Manweb
☎ 0800 040 7018
Shelter Cymru Fyw
☎ 08000495495
Swyddfa Ystadegau Gwladol
Canolfan Cyswllt Cwsmeriaid
☎ 0345 601 3034
Swyddfa'r Post ☎ 03457 468 469
Ffôn testun ar gyfer cwsmeriaid â nam ar eu clyw ☎ 03456 030 800
Tenovus ☎ 0808 808 1010
Traveline Cymru
☎ 0871 200 2233
Trenau ☎ 0845 6040 500
Treth ar Werth – Yswiriant Gwladol
☎ 029 20 386001
Trwyddedu Teledu
☎ 0300 7906042
Y Gwasanaeth Pensiwn
☎ 0800 731 0453

BANDIAU CYMRAEG

Welsh Bands

Band Pres Pontarddulais / Pontardulais Town Band
Trys./Treas.: Neil Palmer, 17 Wyndham Close, Pontarddulais, Abertawe SA4 8NT
☎ 01792 884117 ☎ 07980 716619
info@pontardulaistownband.com
www.pontardulaistownband.com
Breichiau Hir
Cyswllt: Steffan Dafydd, 156 Ffordd Llandaf, Treganna, Caerdydd CF11 9PW
☎ 07540 297835 dadcu@live.co.uk
www.breichiauhirbandcamp.com
Bryn Fôn a'r Band
Cyswllt: Y Gweinyddwr/wraig, Ty'n Mynydd, Nasareth, Caernarfon, Gwynedd LL54 6DR
☎ 01286 881359
labelabel@icloud.com
www.labelabel.co.uk
Bwca
Cyswllt/Contact: Steff Rees, 23 Y Lanfa, Trefechan, Aberystwyth, Ceredigion SY23 1AS
☎ 07580 536518
bwcacymru@outlook.com
www.linktr.ee/bwcacymru

Gai Toms
Bethel, Tanygrisiau, Gwynedd
LL41 3SG 01766 238047
post@gaitoms.com
www.gaitoms.com @gaitoms / FB

Llwybr Llaethog
137 Ffordd Clare, Caerdydd
CF11 6QR 029 20 400206

Seindorf Arian Crwbin
Ysg: Julian Jones, Brynawelon,
Bancffosfelen, Llanelli, Sir Gaerfyrddin
SA15 5DR 01269 871291
aulianj54@icloud.com
Cyswllt: Gareth Rees
01269 870387
gareth908@btinternet.com
www.crwbinsilverband.com

Welsh Whisperer
Cyswllt: Swyddfa'r Gogledd, 4 Pantglas,
Bethesda, Bangor, Gwynedd LL57 3BG
07958 484191
WelshWhisperer@live.com
www.welshwhisperer.cymru

COLEGAU CYMRU

Welsh Colleges

Athrofa Addysg Uwch Abertawe
Mountpleasant, Abertawe SA1 6ED
01792 481000 01792 481085
enquiry@smu.ac.uk
www.sihe.ac.uk

Athrofa Padarn Sant
54 Ffordd Caerdydd, Llandaf,
Caerdydd CF5 2YJ 02920 563379
info@stpadarns.ac.uk
www.stpadarns.ac.uk

Canolfan Gerdd William Mathias
Cyswllt: Meinir Llwyd Roberts
(Cyfarwyddwr) / Nia Wyn Hughes
(Gweinyddydd), Galeri, Doc Fictoria,
Caernarfon, Gwynedd LL55 1SQ
01286 685230
post@cgwm.org.uk
www.cgwm.org.uk

Coleg Brenhinol Cerdd a Drama Cymru
Maes y Castell, Parc Cathays, Caerdydd
CF10 3ER 029 20 342854
029 20 391304 info@rwcmd.ac.uk
www.rwcmd.ac.uk

Coleg Caerdydd a'r Fro / Cardiff and Vale College
Colcot Road, Y Barri, Bro Morgannwg
CF62 8YJ 01446 725000
www.cavc.ac.uk

Coleg Cambria – Chweched Glannau Dyfrdwy
Lôn Golftyn Lane, Cei Conna, Glannau
Dyfrdwy, Sir y Fflint CH5 4EH
0300 3030007
enquiries@cambria.ac.uk
www.cambria.ac.uk

Coleg Cambria – Chweched Iâl
Ffordd Parc-y-Gelli, Wrecsam LL12 7AB
0300 3030007
enquiries@cambria.ac.uk
www.cambria.ac.uk

Coleg Cambria – Ffordd y Bers
Wrecsam, LL13 7UH
0300 3030007
enquiries@cambria.ac.uk
www.cambria.ac.uk

Coleg Cambria – Glannau Dyfrdwy
Ffordd Celstryn, Cei Conna, Glannau
Dyfrdwy, Sir y Fflint CH5 4BR
0300 3030007
enquiries@cambria.ac.uk
www.cambria.ac.uk

Coleg Cambria – Iâl
Ffordd Parc-y-Gelli, Wrecsam LL12 7AB
0300 3030007 enquiries@cambria.ac.uk www.cambria.ac.uk

Coleg Cambria – Llaneurgain
Ffordd Treffynnon, Llaneurgain
(Northop), Sir y Fflint CH7 6AA
0300 3030007
enquiries@cambria.ac.uk
www.cambria.ac.uk

Coleg Cambria – Llysfasi
Ffordd Rhuthun, Rhuthun, Sir
Ddinbych LL15 2LB 0300 3030007
enquiries@cambria.ac.uk
www.cambria.ac.uk

Coleg Ceredigion
(Campws Aberteifi)
Park Place, Aberteifi, Ceredigion
SA43 1AB 01239 612032
coleg@ceredigion.ac.uk
www.ceredigion.ac.uk
(Campws Aberystwyth)
Llanbadarn Fawr, Aberystwyth,
Ceredigion SY23 3BP
01970 639700
coleg@ceredigion.ac.uk
www.ceredigion.ac.uk

Coleg y Cymoedd
🖳 www.cymoedd.ac.uk
(Safle Aberdâr)
Heol Cwmdar, Aberdâr, Rhondda Cynon Taf CF44 8ST ☎ 01685 887500
(Safle Nantgarw)
Heol y Coleg, Parc Nantgarw, Caerdydd CF15 7QX ☎ 01443 662800
(Safle'r Rhondda)
Llwynypia, Tonypandy, Rhondda Cynon Taf CF40 2TQ
☎ 01443 663202
(Safle Ystrad Mynach)
Heol Twyn, Ystrad Mynach, Hengoed CF82 7XR ☎ 01443 816888

Coleg Cymraeg Cenedlaethol
Y Llwyfan, Heol y Coleg, Caerfyrddin SA31 3EQ ☎ 01267 610400
🖰 gwybodaeth@colegcymraeg.ac.uk
🖳 www.colegcymraeg.ac.uk

Coleg Glan Hafren
35 The Parade, Caerdydd CF24 3AD
☎ 029 20 250423 🖷 029 20 250250
🖰 enquiries@glan-hafren.ac.uk
🖳 www.glan-hafren.ac.uk

Coleg Gwent
Y Rhadyr, Brynbuga, Sir Fynwy NP15 1XJ ☎ 01495 333777
🖳 www.coleggwent.ac.uk
(Campws Casnewydd)
Ffordd Nash, Casnewydd NP19 4TS
☎ 01495 333777
(Campws Crosskeys)
Ffordd Rhisga, Crosskeys NP11 7ZA
☎ 01495 333777
(Campws Glynebwy)
Ffordd y Coleg, Glynebwy NP23 6GT ☎ 01495 333777
(Campws Pont-y-pŵl)
Ffordd Blaendare, Pont-y-pŵl NP4 5YE ☎ 01495 333777

Coleg Gŵyr Abertawe (Gower College Swansea)
(Campws Gorseinon) Heol Belgrave, Gorseinon, Abertawe SA4 6RD
(Campws Tycoch) Heol Tycoch, Tycoch, Abertawe SA2 9EB ☎ 01792 284000
🖰 enquiries@gowercollegeswansea.ac.uk
🖳 www.gowercollegeswansea.ac.uk

Coleg Llandrillo
www.gllm.ac.uk
(Campws Abergele)
Coleg Llandrillo Abergele, Faenol Avenue, Abergele, Conwy LL22 7HT
☎ 01745 828100
🖰 enquiries.abergele@gllm.ac.uk
(Campws Llandrillo-yn-Rhos)
Coleg Llandrillo, Ffordd Llandudno, Llandrillo-yn-Rhos, Bae Colwyn LL28 4HZ ☎ 01492 546666
🖰 generalenquiries@gllm.ac.uk
(Campws y Rhyl)
Coleg Llandrillo y Rhyl, Ffordd Cefndy, Y Rhyl, Sir Ddinbych LL18 2HG
☎ 01745 354797
🖰 enquiries.rhyl@gllm.ac.uk

Coleg Meirion Dwyfor
www.gllm.ac.uk
(Safle Dolgellau)
Ffordd Ty'n-y-coed, Dolgellau, Gwynedd LL40 2SW ☎ 01341 422827
🖰 enquiries.dolgellau@gllm.ac.uk
(Safle Glynllifon)
Coleg Meirion-Dwyfor, Ffordd Clynnog, Caernarfon, Gwynedd LL54 5DU
☎ 01286 830261 🖷 01286 831597
🖰 enquiries.glynllifon@gllm.ac.uk
(Safle Pwllheli)
Coleg Meirion-Dwyfor, Penrallt, Pwllheli, Gwynedd LL53 5UB ☎ 01758 701385
🖰 enquiries.pwllheli@gllm.ac.uk

Coleg Menai
www.gllm.ac.uk
(Safle Bangor)
Ffordd Ffriddoedd, Bangor, Gwynedd LL57 2TP ☎ 01248 370125
🖰 learnerservices.menai@gllm.ac.uk
(Safle Caernarfon)
Y Maes, Caernarfon, Gwynedd LL55 2NN ☎ 01286 673450
(Safle Llangefni)
Lôn Penmynydd, Llangefni, Ynys Môn LL77 7HY ☎ 01248 383348
(Parc Menai)
Parc Menai, Bangor, Gwynedd LL57 4BN ☎ 01248 674341
(Tŷ Cyfle Caergybi)
68–72 Stryd y Farchnad, Caergybi, Ynys Môn LL65 1UW ☎ 01248 725515

Coleg Merthyr
Y Coleg, Ynysfach, Merthyr Tudful CF48 1AR ☎ 01685 726000
🖰 college@merthyr.ac.uk

Coleg Penybont
Heol y Bont-faen, Pen-y-bont ar Ogwr CF31 3DF ☎ 01656 302302
🖰 hello@bridgend.ac.uk
🖳 www.bridgend.ac.uk
(Campws Heol y Frenhines)
Heol y Frenhines, Ystad Ddiwydiannol Pen-y-bont ar Ogwr, Pen-y-bont ar Ogwr CF31 3UT
(Campws Maesteg)
Stryd y Castell, Maesteg CF34 9UN
(Campws Pencoed)
Pencoed, Pen-y-bont ar Ogwr CF35 5LG

Coleg Sir Benfro
Hwlffordd, Sir Benfro SA61 1SZ
☎ 0800 716236 neu 01437 753000
📠 01437 753001
🖱 admissions@pembrokeshire.ac.uk
💻 www.pembrokeshire.ac.uk

Coleg Sir Gâr
(Campws y Graig)
Heol Sandy, Llanelli, Sir Gaerfyrddin SA15 4DN ☎ 01554 748000 📠 01554 756088
🖱 admissions@colegsirgar.ac.uk
💻 www.colegsirgar.ac.uk

Grŵp o Golegau NPTC
NPTC Group of Colleges
🖱 admissions@nptcgroup.ac.uk
💻 www.nptcgroup.ac.uk
(Campws Afan Campus)
Margam, Port Talbot SA13 2AL
☎ 01639 648200 📠 01639 648209
(Campws Castell-nedd / Neath Campus)
Heol Dŵr y Felin, Castell-nedd SA10 7RF ☎ 01639 648000
📠 01639 648009
(Campws Chwaraeon Llandarcy Academy of Sport)
Parc Llandarcy, Llandarcy, Castell-nedd, Castell Nedd Port Talbot SA10 6JD
Ymholiadau am gyrsiau / Course related enquiries:
☎ 01639 648720
🖱 enquiries@nptcgroup.ac.uk
Ymholiadau am y gampfa / Enquiries for booking facilities and gym: ☎ 01792 815545
🖱 enquiries@nptcgroup.ac.uk
(Canolfan Abertawe / Swansea Campus)
Clos Dewi Sant, Llansamlet, Treforus, Abertawe SA6 8QL
☎ 01639 648120 📠 01639 648129
🖱 enquiries@nptcgroup.ac.uk
(Canolfan Maesteg Campus)
Uned 7, Canolfan Ddiwydiannol Spelter, Maesteg CF34 0TY
☎ 01639 648000 📠 01639 648009
🖱 enquiries@nptcgroup.ac.uk
(Canolfan Pontardawe Campus)
Tawe House, Ystâd Ddiwydiannol Alloy, Pontardawe, Abertawe SA8 4EN
☎ 01639 648100 📠 01639 648152
(Safle Aberhonddu / Brecon Campus)
Penlan, Aberhonddu, Powys LD3 9SR
☎ 01686 614400
(Safle y Drenewydd / Newtown Campus)
Ffordd Llanidloes, Y Drenewydd, Powys SY16 4HU ☎ 01686 614200
(Safle Llandrindod Campus)
Spa Road, Llandrindod, Powys LD1 5ES ☎ 01686 614300

IBERS Aberystwyth
(Sefydliad y Gwyddorau Biolegol, Amgylcheddol a Gwledig, Prifysgol Aberystwyth)
Llanbadarn Fawr, Aberystwyth, Ceredigion SY23 3AL ☎ 01970 621986
🖱 ibers@aber.ac.uk

Prifysgol Abertawe
Parc Singleton, Abertawe SA2 8PP
☎ 01792 205678 📠 01792 295157
💻 www.swansea.ac.uk

Prifysgol Aberystwyth
Y Cofrestrydd: Llawr Cyntaf, Adeilad Cledwyn, Penglais, Aberystwyth, Ceredigion SY23 3DD
☎ 01970 623111
Datblygu a Materion Allanol:
☎ 01970 622367
Gwasanaethau Preswyl:
☎ 01970 622899 📠 01970 611446
Marchnata a Derbyniadau:
☎ 01970 622019
💻 www.aber.ac.uk

Prifysgol Bangor
Prifysgol Bangor, Bangor, Gwynedd LL57 2DG ☎ 01248 351151
🖱 marchnata@bangor.ac.uk
💻 www.bangor.ac.uk

Prifysgol Caerdydd
Caerdydd CF10 3XQ
☎ 029 20 874000
💻 www.caerdydd.ac.uk

Prifysgol Cymru
Cofrestrfa'r Brifysgol, Rhodfa'r Brenin Edward VII, Parc Cathays Caerdydd CF10 3NS
☎ 029 20 376999 📠 029 20 376080
🖱 prifcym@cymru.ac.uk
💻 www.wales.ac.uk

Prifysgol Cymru Gregynog
(Canolfan Gynadledda)
Tregynon, Y Drenewydd Powys SY16 3PW ☎ 01686 650224 📠 01686 650656
💻 www.gregynog.org

Prifysgol Cymru y Drindod Dewi Sant
www.uwtsd.ac.uk
(Campws Caerfyrddin)
Prifysgol Cymru y Drindod Dewi Sant, Campws Caerfyrddin, Caerfyrddin SA31 3EP ☎ 01267 676767
(Campws Llanbedr Pont Steffan)
Prifysgol Cymru y Drindod Dewi Sant, Campws Llanbedr Pont Steffan, Stryd y Coleg, Llanbedr Pont Steffan, Ceredigion SA48 7ED ☎ 01570 422351

Prifysgol De Cymru
www.decymru.ac.uk
ymholiadau@southwales.ac.uk
(Campws Caerdydd)
ATRiuM, Heol Adam, Caerdydd
CF24 2FN ☎ 0345 576 0101
(Campws Caerllion)
Heol y Porthdy, Caerllion, Casnewydd
NP18 3QT ☎ 0345 576 0101
(Campws y Ddinas)
Ffordd Brynbuga, Casnewydd NP18 3QT
☎ 0345 576 0101
(Campysau Trefforest a Glyn-taf)
Pontypridd CF37 1DL
☎ 0345 576 0101

Prifysgol Glyndŵr
Plas Coch, Ffordd yr Wyddgrug,
Wrecsam LL11 2AW
☎ 01978 290666 ☎ 01978 290008
www.glyndwr.ac.uk

Prifysgol Metropolitan Caerdydd
Canolfan Reoli, Blwch Post 377, Canolfan Llandaf, Rhodfa'r Gorllewin, Llandaf, Caerdydd CF5 2SG
☎ 029 20 416070 029 20 786212
courses@cardiffmet.ac.uk
www.cardiffmet.ac.uk

Y Brifysgol Agored
Cyswllt: Helen Nelmes / Tracey Marenghi, 18 Custom House Street, Caerdydd
CF10 1AP ☎ 029 20 471170
029 20 388132
wales@open.ac.uk
www.open.ac.uk/wales

CORAU

Choirs

Adlais *(Cymysg)*
Arw: Huw Harvey *Cad:* Thelma Parry
adlais@hotmail.co.uk
Facebook: www.facebook.com/Adlais1991/

Bois y Castell
Arw: Nia Clwyd, Cae Sgubor, Pentrefelin, Llandeilo, Sir Gaerfyrddin SA19 6SD
☎ 01558 824010

Bois y Frenni
Arw/Ysg: Llyr John, Trem y Frenni, Crymych, Sir Benfro SA41 3RN
☎ 07909 522380 llyrj@tiscali.co.uk

Builth Male Voice Choir
Cyswllt: John Carruthers, Cae Tansi, Castle Road, Llanfair ym Muallt/Builth Wells, Powys LD2 3EG
☎ 01982 552922 ☎ 07938 833264
jc.jc.jc@live.co.uk
www.builthmalechoir.org.uk

Cantorion Bro Cefni
Arw: Mrs Catherine Blackwell a Mr Vernon Jones
Ysg: Mr J Gwyn Owen ☎ 01248 724053

Cantorion y Rhyd
Arw: Dr Hywel Glyn Lewis ☎ 01269 842413
Cad: Linda Williams ☎ 01792 844050

Côr ABC
(Côr cymysg o ardal Aberystwyth)
corabc10@gmail.com
www.corabc.cymru

Côr Bois y Felin
d/o Gareth Jones, Ger y Parc, High Street, Bancyfelin, Sir Gaerfyrddin SA33 5ND
Cyswllt: Emyr Vaughan ☎ 07788 457415
emyrvaughan@btinternet.com

Côr Bro Dyfnan
Arw: Dr Marian Thomas ☎ 01248 712794

Côr Bro Dysynni
Ysg: Janet Pugh, Tynypwll, Llanegryn, Tywyn, Gwynedd LL36 9SA
☎ 01654 711559

Côr Bro Meirion
Arw: Iwan Parry
Ysg: Eleri Wyn Williams, Parlla Isaf, Rhoslefain, Tywyn, Gwynedd LL36 4NF ☎ 01654 711427
eleriwynparlla57@gmail.com

Côr Caerdydd
Arw: Gwawr Owen, 6 Alfreda Road, Eglwys Newydd, Caerdydd
☎ 029 20 691924
gwawr.owen@btinternet.com
www.corcaerdydd.com

Côr Canna
Arw: Delyth Medi Lloyd, Llwyn Celyn, 13 Pencisely Crescent, Llandaf, Caerdydd
☎ 029 20 254468

Côr Cantre'r Gwaelod
Ysg: Ceris Gruffudd, Rhos Helyg, 23 Maesyrefail, Penrhyn-coch, Aberystwyth SY23 3HE
☎ 01970 828017
ceris.gruffudd@gmail.com

Côr Cardi-Gân *(Cymysg)*
Arw: Rhian Dafydd, Maes-y-delyn, Godre Rhiwgoch, Aberaeron, Ceredigion
☎ 01545 571193
www.corcardi-gan.com

Côr CF1
Arw: Eilir Owen-Griffiths
Ysg: Meilyr Hedd
Cyfeilyddion: Richard Vaughan a Rhiannon Pritchard
helo@corcf1.com

Côr Crymych *(Cymysg)*
Theatr y Gromlech, Crymych, Sir Benfro
Arw: Angharad Thomas
Ysg: Sian Clark ☎ 07530 545191

Côr Cymysg Llanuwchllyn
Arw: Mary Lloyd Davies, Llys Llewelyn, Llanuwchllyn, Bala, Gwynedd LL23 7TT
Ysg: Lis Puw, Bedw Gwynion, Llanuwchllyn, Bala, Gwynedd
☎ 01678 540654

Côr Dyffryn Dyfi
Ysg: Manon Wyn Jones, Maesteg, Glantwymyn, Machynlleth, Powys SY20 8JZ ☎ 07968324894
manon.wyn@hotmail.co.uk

Côr Eifionydd *(Cymysg)*
Cyswllt: Siwan Evans
www.coreifionydd.org.uk

Côr Eryri *(Merched)*
Arw: Siân Wheway, Bwlchgrwnog, Bwlch, Llanrug, Gwynedd ☎ 01286 872001

Côr Glannau Tafwys
d/o Canolfan y Cymry, 165 Gray's Inn Road, Llundain WC1X 8UE
☎ 020 7837 3722

Côr Godre'r Aran
Ysg: Arwel Lloyd Jones, 9 Maes y Pandy, Llanuwchllyn, Gwynedd
☎ 01678 540220

Côr Godre'r Eifl
Ysg: Mrs Elenna Hughes, Gorwel, Penrallt, Pwllheli, Gwynedd
☎ 01758 612634

Côr Hamdden Mathias *(Cymysg)*
Arw: Geraint Roberts
Canolfan Gerdd William Mathias, Galeri, Doc Fictoria, Caernarfon, Gwynedd LL55 1SQ ☎ 01286 685230
post@cgwm.org.uk

Côr Llanddarog
Arw: Meinir Richards
Y Garth, Llanddarog, Caerfyrddin, SA32 8BH ☎ 07973 870701
meinirrichards@gmail.com

Côr Lleisiau Lliw *(Côr Merched)*
Arw: Berian Lewis
Ysg: Catrin Lyall, 50 Ffordd Cambria, Pontarddulais, Abertawe SA4 8AF ☎ 01792 884869
catrin_lyall@yahoo.co.uk

Côr Meibion Aberystwyth
Cyfarwyddwr Cerdd: Alwyn Evans
Ysg: Hywel Wyn Jones ☎ 01974 202980
hyweljones642@btinternet.com
www.aberchoir.co.uk

Côr Meibion Bro Aled
Arw: Angharad Ellis *Cyfeilyddion*: Anwen Mair ac Ann Evans *Ysg*: Kevin Brown, 5 Y Wenallt, Abergele, Conwy LL22 8QW ☎ 01745 825859
☎ 07542 620492
brownk@brownk.plus.com
www.corbroaledchoir.com

Côr Meibion Caernarfon
Ysg: Iolo Thomas, Bod Afon, Ffordd y Gogledd, Caernarfon, Gwynedd LL55 1BE iolowatcyn@gmail.com
www.cormeibioncaernarfon.org

Côr Meibion Cwmann a'r Cylch
Ysg: Alun Jones, Glanrhyd, Cwmann, Llanbedr Pont Steffan, Ceredigion SA48 8DZ ☎ 01570 423231
alun.glanrhyd@outlook.com
www.corcwmann.btck.co.uk

Côr Meibion Dinas Bangor
Arw: James Griffiths ☎ 01248 352966
Ysg: O. Myfyr Parry, Rhiwen a, Nant y Glyn, Llanrug, Gwynedd LL55 4AH
☎ 01286 676512

Côr Meibion Dinbych a'r Cylch
Ysg: Dafydd Lloyd Jones, Glyn Garth, Ffordd Rhuthun, Dinbych
☎ 01745 812944 ☎ 07783 278160
hello@denbighchoir.com
www.denbighchoir.com

Côr Meibion Dwyfor
Ysg: Ifan Hughes, Ceiri Garage, Llanaelhaearn, Caernarfon, Gwynedd
☎ 01758 750238
www.cormeibiondwyfor.cymru

Côr Meibion Dyfi
Arw: Gwilym Brynion Davies
☎ 01654 782227
Ysg: D. Pugh, Cefn Coed, Forge Rd, Machynlleth, Powys ☎ 01654 702604

Côr Meibion Dyfnant
Ysg: Clive Wilson, 2a Parc Wern Road, Sgeti, Abertawe ☎ 01792 428626
clivewilson4@sky.com
www.dunvantchoir.wales

Côr Meibion Dyffryn Aman
Arw: Ian Llewelyn ☎ 01269 822330
www.cormeibiondyffrynaman.co.uk

Côr Meibion Goronwy
Arw: Dafydd Ifan Jones, Cae Marl, Llanallgo, Ynys Môn LL72 8NE
☎ 07747 016943
Cad: Rhys Owain Jones, Maesteg, Fern Hill, Benllech, Ynys Môn LL74 8UE ☎ 07887 710492
Ysg: Arthur Pugh Roberts, Cyll Gwynion, Llechwedd, Conwy LL32 8LX
☎ 07747 786761

Côr Meibion Hogia'r Ddwylan
☎ 01248 724159 / 07747 623990
www.hogiarddwylan.co.uk

Côr Meibion Maelgwn
Arw: Trystan Lewis, Awelfor, Cilgant Conwy, Deganwy *Ysg*: Emyr Williams, 29 Llwyn Gwgan, Llanfairfechan, Conwy LL33 0UT ☎ 01248 681159
www.cormaelgwn.cymru

Côr Meibion Penybontfawr
Ysg: John Rowles, Wernddu Farm, Penybontfawr SY10 0HW
☎ 01691 860724
rowles99@yahoo.com
www.penybontfawrchoir.org.uk

Côr Meibion Taf
Arw: Steffan Jones
Ysg: Dafydd Thomas
cormeibiontaf@gmail.com
www.cormeibiontaf.com

Côr Meibion Trelawnyd
Ysg: Geraint E Evans, 93 Handsworth Crescent, Rhyl LL18 4HP
☎ 01745 339475 ☎ 07506 531921
cmtsecretary@btinternet.com
www.trelawnydmalevoicechoir.com

Côr Meibion y Brythoniaid
Arw: John Eifion Jones
Ysg: Huw Trefor Jones
☎ 01766 512863
huwtrefor@btinternet.com
www.corbrythoniaid.com

Côr Meibion y Foel
(Llannerch y Medd, Ynys Môn)
Arw: Grês Pritchard ☎ 01248 470579
Ysg: Emlyn Parry
emlyn.parry1941@gmail.com

Côr Meibion y Fflint
Cyswllt: Nigel Skinner
☎ 07939 205068
www.flintmalevoicechoir.co.uk

Côr Meibion y Penrhyn
Cad: Dewi Jones
Ysg: Emyr Vaughan Jones
www.corypenrhyn.org

Côr Merched Bro Nest
Ysg: Tydfil Parry-Jones, Parcau, Blaenannerch, Aberteifi ☎ 01239 810446 neu Nell Griffiths, Fron Las, Blaenporth, Aberteifi ☎ 01239 810364

Côr Merched Corisma
Arw: Carys Lewis, Cwmann, Llanbedr Pont Steffan, Ceredigion
www.corisma.btck.co.uk

Côr Merched Edeyrnion
Arw: Manon Easter Lewis, Corwen, Sir Ddinbych ☎ 01490 412550
Cyswllt: Rhiannon Jedwell
www.welshladieschoir.co.uk

Côr Merched Llanfair-ym-Muallt / Builth Wells Ladies Choir
Cyswllt: Ionwen Davies, Tre Gwynt, 24 Pen y Bryn, Llanfair-ym-Muallt, Powys LD2 3LF ☎ 01982 552514

Côr Merched Lleisiau'r Cwm
(Dyffryn Aman)
Arw: Catrin Hughes B.Mus
Cyfeilyddion: Bethan Llwyd Evans / Christopher Davies
www.lleisiaurcwm.co.uk

Côr Merched Lleisiau Llannerch
(Ynys Môn)
Arw: Grês Pritchard ☎ 01248 470579
Cyswllt: Iris Williams
iriswilliams200@gmail.com

Côr Merched y Rhos
Ysg: Marian Jones, Gwylfa, Allt-ty-gwyn, Rhos LL14 1EL ☎ 01978 846151

Côr Rhuthun *(Cymysg)*
Arw: Robat Arwyn, Y Dalar, Ffordd Cae Glas, Rhuthun, Sir Ddinbych LL15 1EW ☎ 01824 704663
robat.arwyn@yahoo.co.uk
www.corrhuthun.co.uk

Côr Sainteilo *(Cymysg)*
Arw: Owain Gruffydd *Ysg:* Shân Evans
☎ 01558 822613
shan@newydd.plus.com

Côr Seingar
Arw: Nicki Roderick, Llys Deri, 3 Cae Seiri, Caerfyrddin, Sir Gaerfyrddin SA31 2BZ
☎ 07815 308682
seingar@hotmail.co.uk
www.seingar.co.uk

Côr Tonic
Arw: Sue Hughes, Caeralaw, 11 Maes Brynglas, Peniel, Caerfyrddin
☎ 01267 230800 ☎ 07970 325550
sueh1158@yahoo.co.uk

Côr Tŷ Tawe
Arw: Helen Gibbon, Brynawel, Capel Dewi, Caerfyrddin SA32 8AE
☎ 01267 290518
www.cortytawe.org

Côr Waunarlwydd *(Cymysg)*
Arw: Davida Lewis, Golwg-y-Waun, Mynydd-Bach-y-Glo, Waunarlwydd, Abertawe SA5 4NB ☎ 01792 581116
berianwyn@hotmail.com

Corâl Cymry Llundain *(Cymysg)*
Arw: Edward Rhys-Harry
Cyswllt: Nigel Wills (Cadeirydd)
☎ 07825 702119
info@londonwelshchorale.org.uk
www.londonwelshchorale.org.uk

Corau Tenovus / *Tenovus Sing with Us Choirs (Choirs across Wales for people affected by cancer)*
www.tenovuscancercare.org.uk/singwithus ☎ 0808 808 1010
sing@tenovuscancercare.org.uk

Côrdydd
cordydd1@gmail.com
www.cordydd.org.uk

Corlan
Arw: Ceirios Jenner, Gwel y Meini, Efailwen, Clunderwen, Sir Gaerfyrddin SA66 7RD ☎ 01994 419737
Ysg: Jill Lewis, Lluest, Llanglydwen, Hendy Gwyn ar Daf, Sir Gaerfyrddin SA34 0XP ☎ 01994 419495
lewislluest34@talktalk.net

Corws Cymunedol Caerffili a Chôr Plant Caerffili / Caerphilly Community Chorus and Caerphilly Children's Choir
VanGuard Centre, Van Road, Caerffili
www.caerphillycommunitychorus.org.uk

Cytgord *(Côr Merched Cwm Cynon)*
Arw: Michael Jones *Cad:* Anne Andrews
☎ 01685 870539

Cywair *(Parti o ferched)*
Ysg: Thelma Parry, Awelon, 25 Lôn Lwyd Isaf, Pentraeth, Ynys Môn LL75 8LN

Harmony Singers
Cyswllt: Glenda Owen
☎ 07912 292230

Hogie'r Berfeddwlad *(Meibion)*
Arw: Catherine Watkin ☎ 01492 583691
Ysg: Dafydd Owen, Ffrith Arw, Llanddoged, Llanrwst, Conwy LL26 0LZ
☎ 07980 145619
www.facebook.com/hogierberfeddwlad

Lleisiau Clywedog
Cyswllt: Sian Edwards, 5 Ffordd Belmont, Wrecsam LL13 7PW ☎ 01978 353250
☎ 07704 905657

Parti Meibion Bara Brith
Arw: Huw Goronwy *Ysg:* Trefor Edwards, Pentre Hwfa, Rhostrehwfa, Llangefni, Ynys Môn LL77 7YP ☎ 01248 750004
trefor.edwards@btinternet.com
www.barabrith.org.uk

Parti'r Efail
Ysg: Ifan Roberts, Tŷ Cnau, Cefn Bychan, Pentyrch, Caerdydd CF15 9PG ☎ 029 20 890493 ☎ 07761 826977
partirefail@aol.com

Parti'r Pentan
(Aelodau Aelwyd y Pentan)
Arw: Sian Meirion, 2 West View, Yr Wyddgrug, Sir y Fflint CH7 1DW

CWMNÏAU PREIFAT

Private Companies

Am y rhestr cyflawn ewch i ***www.ylolfa.com***

Safle Swyddi
Canolfan Datblygu Busnes, Ystâd Ddiwydiannol Trefforest, Pontypridd CF37 5UR ☎ 07751 608780
post@safleswyddi.com
www.safleswyddi.com

CYFIEITHWYR

Translators

Abiéc
22 Rhodfa Pretyman, Llandarsi, Castell-nedd SA10 6HZ ☎ 01792 323717
abiec.translations@gmail.com

ac ati…
Cyswllt: Helen Mainwaring, Erwau Glas, Drefach, Llanelli, Sir Gaerfyrddin SA14 7BA ☎ 01269 267191
☎ 07899 922858 helen@acati.co.uk
www.acati.co.uk

Adnod
Cyswllt: Siôn Morgan, Tŷ Phoenix, 8 Heol y Gadeirlan, Caerdydd CF11 9LJ
☎ 029 20 226760 ☎ 07798 822562
sion@adnod.co.uk
www.adnod.co.uk

Afiaith
Martin Davis, Is-y-coed, Tre Taliesin Machynlleth, Powys SY20 8JG
☎ 01970 832230 afiaith@aol.com

Angharad Wyn Williams
Afallon, Tyn Lôn, Caergybi, Ynys Môn LL65 3BJ

Alex Greene
15 Bell Court, Monger Road, Hightown, Wrecsam LL13 8QP ☎ 07950 962550
atgreene@hotmail.com

a-pedwar cyf.
6 Ty'n Llan, Dinas, Caernarfon, Gwynedd LL54 5UB ☎ 01286 831691
post@a-pedwar.co.uk
www.a-pedwar.co.uk

Atebol
(Cyhoeddwyr addysgol, Cyfieithwyr ac Isdeitlwyr)
Adeiladau'r Fagwyr, Llanfihangel Genau'r Glyn, Aberystwyth, Ceredigion SY24 5AQ
Yr Egin, Heol y Coleg, Caerfyrddin, Sir Gaerfyrddin SA31 3EG
Tŷ Phoenix, 8 Ffordd y Gadeirlan, Caerdydd CF11 9LJ
☎ 01970 832172 ☎ 0330 332 0502
atebol@atebol.com
www.atebol.com
www.atebol-siop.com

Awelon Translations
Cyswllt: Bethan Williams, Bryn Awelon, 11 Main Road, Aberdulais, Castell-nedd SA10 8HG ☎ 07412 444035
awelontranslations@gmail.com

Awen Menai
Cyswllt: Rhiannon Elis-Williams, 17 Stryd Fawr, Porthaethwy, Ynys Môn LL59 5EE ☎ 01248 715532
cyfieithu@awenmenai.co.uk

Bethan Evans
Bryngwyn, 11 Stryd Dinorwig, Caernarfon, Gwynedd LL55 2RG
☎ 01286 669406 ☎ 07814 991290
bethan.cyfieithu@googlemail.com

Canolfan Iaith Clwyd
Adeilad Deiamwnt, 6 Heigad, Dinbych, Sir Ddinbych LL16 3LE
☎ 01745 812822 01745 818601

Catrin Alun
3 Clôs Glanlliw, Pontlliw, Abertawe SA4 9DU ☎ 01792 898327
catrin.alun@btinternet.com

Catrin Gilkes (Idiom)
☎ 07815 626559
catringilkes@talktalk.net

Clicied
Mary Steele, Eirianfa, Llanfair Caereinion, Powys SY21 0SB ☎ 01938 810048
clicied@btconnect.com

Cyfatebol
(Cyfieithwyr ac Isdeitlwyr)
Adeiladau'r Fagwyr, Llanfihangel Genau'r Glyn, Aberystwyth, Ceredigion SY24 5AQ
Yr Egin, Heol y Coleg, Caerfyrddin, Sir Gaerfyrddin SA31 3EG
Tŷ Phoenix, 8 Ffordd y Gadeirlan, Caerdydd CF11 9LJ
☎ 01970 832172 ☎ 0330 332 0502
atebol@atebol.com
www.atebol.com
www.atebol-siop.com

Cyfiaith
Cyswllt: Sian Eleri Jones / Heledd Williams (Cyfarwyddwyr / *Directors*)
Uned 1, Bryn Salem, Felin-fach, Llanbedr Pont Steffan, Ceredigion SA48 8AE ☎ 01570 471389
post@cyfiaith.com
www.cyfiaith.com

Cyfieithu Clir Cyf.
Cyswllt: Ashleigh Hurford (Rheolwr Swyddfa), Llawr 9 / Floor 9, Capital Tower, Heol y Brodyr Llwydion / Greyfriars Road, Caerdydd CF10 3AG ☎ 029 20 099060
post@cleartranslations.co.uk
www.cleartranslations.co.uk

Cyfieithu Cymunedol
Yr Hen Fanc, 22 Y Sgwâr, Llanrwst, Conwy LL26 0LD ☎ 01492 642796
post@cyfieithucymunedol.org
post@cyfcym.cymru
www.cyfcym.cymru

Cymdeithas Cyfieithwyr Cymru
Cyswllt: Gwyn Williams (Swyddog) Intec, Parc Menai, Bangor, Gwynedd LL57 4FG ☎ 01248 371839
swyddfa@cyfieithwyr.cymru
www.cyfieithwyr.cymru

Cymen Cyf.
Pendeitsh, Caernarfon, Gwynedd LL55 2AY ☎ 01286 674409
01286 677599
cymen@cymen.co.uk
www.cymen.co.uk

Dafydd Timothy
Blaen y Coed, Ffordd Derwen, Y Rhyl, Sir Ddinbych LL18 2LS
☎ 07736 543156 ☎ 01745 351896
dafydd@siopymorfa.cymru

Daffodil Translations
Cyswllt: Megan Chick
☎ 07891 850459
daffodiltranslations@outlook.com

Elenid Non Hughes
Bodwyn, Ffordd Caradog, Aberystwyth, Ceredigion SY23 2LB
☎ 01970 611090
elenid.hughes@btinternet.com

Eleri Hughes
3 Carreg y Garth, Ffordd y Garth, Bangor, Gwynedd LL57 2SE
☎ 01248 354285

Eleri Llewelyn Morris
(Cyfieithu-ar-y-pryd yn unig)
Cae'r Fedwen, Mynytho, Pwllheli, Gwynedd LL53 7RH
☎ 01758 740401
elerillew@btinternet.com

Elin Mared Davies
34 Min y Bryn, Aberystwyth, Ceredigion SY23 1LZ ☎ 02921 251520
cyfieithydd@googlemail.com

Elin Meek
Derwen Fawr, Abertawe
☎ 01792 208161 📠 01792 297355
Elin.Meek@care4free.net

Eurwen Booth
Rhoslwyn, Y Buarth, Aberystwyth, Ceredigion SY23 1LR
☎ 01970 612615

Ewrolingo
22 Maes-y-Grug, Pen-y-bont ar Ogwr CF31 5DD ☎ 01656 668603
☎ 07734 533781 📠 01656 668603
garmon@ewrolingo.co.uk
www.ewrolingo.co.uk

Geiriau Gwyn
Gwynfor Owen, Gwyndeb, Penrhyndeudraeth, Gwynedd LL48 6NP
☎ 01766 771849 ☎ 07778 960620
📠 01766 771011

Gruff Roberts
Drws y Coed, Ffordd y Cwm, Diserth, Sir Ddinbych LL18 6HR
☎ 01745 570302
gruffudd.roberts@btinternet.com

Gwasanaeth Cyfieithu Grisial
Rhiannon Ifan, Yr Hen Lythyrdy, Llanddoged, Llanrwst LL26 0AZ
☎ 01492 641808 ☎ 07833 967495
rhiannon.ifan@gmail.com

Y Gwasanaeth Geiriau
Cyswllt: Bethan Mair, Y Berth, 29 Coed Bach, Pontarddulais, Abertawe
☎ 07779 102224 geiriau@gmail.com

Gwenllïan Jones Rowlinson
10 Stad Wern Gethin, Llanfairpwllgwyngyll, Ynys Môn LL61 5AN ☎ 01248 715946
gwenllian@geraintjones142.plus.com

Gwenllian Williams
Bronallt, Groeslon, Caernarfon, Gwynedd LL54 7TE ☎ 01286 830163
gwenllianwilliams@supaworld.com

Hafan
Heini Gruffudd, Hafan, 2 Lôn Rhianfa, Ffynhonne, Abertawe SA1 6DJ
☎ 01792 455410 heini@gruffudd.org

Heledd Mitchell
13 Dôl Helyg, Penrhyn-coch, Aberystwyth, Ceredigion SY23 3GZ
☎ 01970 820871

Ifan Roberts
Tŷ Cnau, Cefn Bychan, Pentyrch, Caerdydd CF15 9PG
☎ 029 20 890493 ☎ 07761 826977

Lingo Cyf.
Cyswllt: Lowri Gwyn, Morlan, Ffordd Bangor, Caernarfon, Gwynedd LL55 1LN ☎ 01286 674126
☎ 07810 541206
lingocyf@btinternet.com
www.lingocyf.co.uk

Lowri Schiavone
14 Llwyn Afallon, Aberystwyth, Ceredigion SY23 2EZ
☎ 01970 627860
lowri.cyfieithu@googlemail.com

Pennawd Cyf.
Cyswllt: Claire Richards, 46a Heol Merthyr, Yr Eglwys Newydd, Caerdydd CF14 1DJ ☎ 029 20 6156 7
post@pennawd.co.uk
www.pennawd.co.uk

Posib
Y Gilfach, Ffordd y Pentref, Nercwys Sir y Fflint CH7 4EZ ☎ 01352 757273
📠 01352 757252
translation@posib.co.uk

Pryderi Gwyn Jones
pryderi@pryderigwynjones.fsnet.co.uk

Prysg
15 St Andrew's Crescent, Caerdydd CF10 3DB ☎ 029 20 668081
www.prysg.com

Sbectrwm
Tŷ'r Gat, Gelli Aur, Caerfyrddin SA32 8NG ☎ 01558 668663
☎ 07877 141202
swyddfa@sbectrwm.com

Sioned Lleinau
Cyswllt: Sioned Lleinau, Llechwedd, Capel Iwan, Castellnewydd Emlyn, Sir Gaerfyrddin SA38 9NW
☎ 07855 342908
sioned.lleinau@btconnect.com

Sue Proof
(Prawfddarllen, golygu copi ac ailysgrifennu yn Saesneg; cyfieithu Cymraeg i Saesneg)
Susan Walton, Minffordd Penrhyndeudraeth, Gwynedd
☎ 01766 771502 ☎ 07980 282315
sw@sueproof.cymru
www.sueproof.cymru

Testun Cyf.
Uned 21, Tŷ Ifor, Stryd y Bont, Caerdydd CF10 2TH ☎ 029 20 231722
📠 029 20 231002 post@testun.co.uk
www.testun.co.uk

Trosi Tanat Translation
3 Yr Hen Erddi, Ffordd Holt, Wrecsam LL13 9DZ ☎ 07814 033759
lowri@trositanat.co.uk
www.trositanat.co.uk

Trosol
Tŷ Sophia, 28 Heol y Gadeirlan,
Caerdydd CF11 9LJ ☎ 029 20 750760
enid.davies@trosol.co.uk
www.trosol.co.uk

Trywydd
Yr Egin, Ffordd y Coleg, Caerfyrddin
SA31 3EQ
Hengwrt, 8 Stryd Caerfyrddin, Llandeilo
SA19 6AE ☎ 01558 263133
post@trywydd.cymru
www.trywydd.cymru

CYLCHGRONAU

Magazines

Aberystwyth Ego
Cyswllt: Huw Bates / Paddy O'Malley (golygyddion) 6 Maes Ceiro, Bow Street, Ceredigion SY24 5BG
contact@aberystwythego.co.uk
www.aberystwythego.co.uk

Agenda
(Cylchgrawn y Sefydliad Materion Cymreig)
Sefydliad Materion Cymreig, 56 Stryd James, Bae Caerdydd, Caerdydd CF10 5EZ ☎ 029 20 484387
wales@iwa.org.uk
www.iwa.org.uk

Yr Athro
Prif Swyddfa UCAC, Ffordd Penglais, Aberystwyth, Ceredigion SY23 2EU
☎ 01970 639950 📠 01970 626765
ucac@ucac.cymru
www.ucac.cymru

Barddas
Gol: Twm Morys, Y Coetshws, Trefan, Llanystumdwy, Gwynedd LL52 0LP ☎ 01766 522124
twmmorysbarddas@yahoo.co.uk
www.barddas.com

Barn
Swyddfa Barn, Y Llwyfan, Heol y Coleg, Caerfyrddin SA31 3EQ ☎ 01267 245676
swyddfa@barn.cymru
www.barn.cymru

Cara
Golygyddion: Meinir ac Efa, Bancyreithin, Llandre, Bow Street, Ceredigion SY24 5BS
☎ 07890 442453 ☎ 07807 987263
cylchgrawncara@gmail.com
www.cara.cymru

Y Casglwr
Ysg: Mel Williams, Tanycastell, Llanuwchllyn, Y Bala, Gwynedd LL23 7TA ☎ 01678 540652
tanycastell2@yahoo.com

Cristion
Y Parch. Aled Davies, Ael y Bryn, Chwilog, Pwllheli, Gwynedd LL53 6SH
☎ 01766 819120 aled@ysgolsul.com

Y Cylchgrawn Efengylaidd
Swyddfa Gogledd MEC, 31 Ffordd Caergybi, Bangor, Gwynedd LL57 2EU ☎ 01248 354653
www.mudiad-efengylaidd.org/cylchgrawn

Cylchgronau'r Urdd
(Bore Da, Iaw! a Cip)
Penhelyg, Gwersyll yr Urdd, Llangrannog, Llandysul, Ceredigion SA44 6AE
☎ 01239 652165 📠 01239 652161

Y Cymro (Cyfryngau Cymru Cyf)
Llanelli, Bala, Wrecsam
gwyb@ycymro.cymru
https://ycymro.cymru/

Yr Enfys *(Undeb Cymru a'r Byd)*
Blwch Post 275, Llanrhystud, Ceredigion SY23 5AW
secretary@walesinternational.cymru
www.walesinternational.cymru

Y Faner Newydd
Gol: Emyr Llywelyn / Ieuan Wyn, Tŷ'r Ardd, Ffostrasol, Llandysul Ceredigion SA44 4SY ☎ 01239 851555
fanernewydd@btinternet.com

Fferm a Thyddyn
Gol: Twm Elias, Ty'n Pant, Lôn Pant y gôg, Nebo, Caernarfon, Gwynedd LL54 6EA ☎ 01286 880509

Y Goleuad
Gwasg Pantycelyn, Tŷ Cadnant, Parth/Zone 2, Lôn Hen Felin, Cibyn, Caernarfon, Gwynedd LL55 2BD
☎ 01286 672018
gwasgpantycelyn@ukonline.co.uk
www.ebcpcw.org.uk/cymraeg/cyhoeddiadau/cyhoeddiadau-goleuad

Golwg
Blwch Post 4, Llanbedr Pont Steffan, Ceredigion SA48 7LX ☎ 01570 423529
ymholiadau@golwg.com
www.golwg360.com

Gwerddon
Cynorthwyydd Golygyddol: Mari Fflur, Coleg Cymraeg Cenedlaethol, Y Llwyfan, Heol y Coleg, Caerfyrddin SA31 3EQ
gwybodaeth@gwerddon.cymru
www.gwerddon.cymru

Y Gwyliedydd
(Cyfnodolyn Cymraeg y Wesleaid)
Gol: Mrs Ffion P. Rowlinson, Crud yr Awel, Lôn Newydd, Coetmor, Bethesda, Gwynedd LL57 3DT ☎ 01248 605365
ffion.rowlinson@trysor.f9.co.uk
Gol: Robin Jones, Llys Awel, 18 Stad Eryri, Bethel, Caernarfon, Gwynedd LL55 1BX ☎ 01248 670140
robinbethel@tiscali.co.uk

Hel Achau *(Cylchgrawn Cymdeithas Hanes Teuluoedd Clwyd)*
Gol: Peter Chadwick
editor@clwydfhs.org.uk
pchadnet@aol.com

Lingo Newydd
(Cylchgrawn i ddysgwyr)
Blwch Post 4, Llanbedr Pont Steffan, Ceredigion SA48 7LX ☎ 01570 423529
marchnata@golwg.com
www.golwg360.com

Lysh
www.lysh.cymru

Llafar Gwlad
Gwasg Carreg Gwalch, 12 Iard yr Orsaf, Llanrwst, Conwy LL26 0EH
☎ 01492 642031 01492 641502

Llygad Barcud
(Cylchlythyr Cymdeithas Ted Breeze Jones)
Gol: Gareth Jones, Bryn Eithin, Yr Ala, Pwllheli, Gwynedd LL53 5BN
☎ 01758 614470
www.cymdeithastedbreezejones.org.uk

Mam Cymru
www.mamcymru.wales/cy/

Nation.Cymru
Gol: Ifan Morgan Jones
☎ 07980 795380
ifan.morgan.jones@nation.cymru
Prif Weithredwr: Mark Mansfield
☎ 07879 035998
mark.mansfield@nation.cymru

Y Naturiaethwr
Cymdeithas Edward Llwyd, d/o G Wynne, Gwylfa, Licswm, Treffynnon, Sir y Fflint CH8 8NQ ☎ 01352 780689
www.cymdeithasedwardllwyd.cymru

New Welsh Review
Blwch Post 170, Aberystwyth, Ceredigion SY23 1WZ
☎ 01970 628410
admin@newwelshreview.com
www.newwelshreview.com

O'r Pedwar Gwynt
Dôl Bebin, Rhydypennau, Aberystwyth, Ceredigion SY24 5BE
Tîm golygyddol: gol@pedwargwynt.cymru
Tîm cynhyrchu/marchnata/hysbysebu:
post@pedwargwynt.cymru
www.pedwargwynt.cymru

Planet
Blwch Post 44, Aberystwyth, Ceredigion SY23 3ZZ ☎ 01970 611255
planet.enquiries@planetmagazine.org.uk
www.planetmagazine.org.uk

Y Selar
Cyswllt: Owain Schiavone
yselar@live.co.uk selar.cymru

Seren *(Coch, gwyrdd, gwerinaethol)*
Blwch Post 661, Wrecsam LL11 1QU
☎ 07817 059686

Seren Cymru
(Wythnosolyn Undeb Bedyddwyr Cymru)
Undeb y Bedyddwyr, Y Llwyfan, Coleg y Drindod, Heol y Coleg, Caerfyrddin SA31 3EQ ☎ 01267 245660

Y Tafod
(Cylchgrawn Cymdeithas yr Iaith)
Canolfan Merched y Wawr, Stryd yr Efail, Aberystwyth, Ceredigion SY23 1JH
☎ 01970 624501
tafod@cymdeithas.cymru
www.cymdeithas.cymru

Y Traethodydd
Lôn Ddewi, Caernarfon, Gwynedd LL55 1ER ☎ 01286 672018
01286 677823
gwasgybwthyn@btconnect.com
www.ebcpcw.cymru/cym/cyhoeddiadau/cyhoeddiadau-traethodydd

Y Tyst
(Cyfnodolyn Undeb yr Annibynwyr Cymraeg)
Tŷ John Penri, 5 Axis Court, Parc Busnes Glanyrafon, Bro Abertawe, Abertawe SA78 0AJ ☎ 01792 795888
01792 795376
undeb@annibynwyr.cymru

Utgorn Cymru
(Cylchgrawn llafar gwladgarol)
Canolfan Hanes Uwchgwyrfai, Clynnog Fawr, Caernarfon, Gwynedd LL54 5BT
☎ 01286 660853 / 660655
hanes.uwchgwyrfai@gmail.com

Y Wawr
Canolfan MYW, Stryd yr Efail, Aberystwyth, Ceredigion SY23 1JH
☎ 01970 611661 01970 626620
swyddfa@merchedywawr.com

Wcw a'i Ffrindiau
d/o Golwg, Blwch Post 4, Llanbedr Pont Steffan, Ceredigion SA48 7LX
☎ 01570 423529 01570 423533
ymholiadau@golwg.com

Welsh Country Magazine
Cyswllt: Ian Mole, Aberbanc, Llandysul, Ceredigion, SA44 5NP
☎ 01559 372010 ☎ 07443315544
ian@welshcountry.co.uk www.welshcountry.co.uk

Yr Ymofynnydd
Y Parch. Alun-Wyn Davies, 2 Morfa Gwyn House, Ceinewydd, Ceredigion SA45 9SB

LLYFRWERTHWYR

Booksellers

Acanthophyllum Books
Cyswllt: John Edmondson, Long Chase Farm, Sundawn Avenue, Treffynnon, Sir y Fflint CH8 7BH ☎ 01352 716596
☎ 07758 583706 info@heswallbooks.co.uk www.heswallbooks.co.uk

Awen Meirion
25 Stryd Fawr, Y Bala, Gwynedd LL23 7AG ☎ 01678 520658
siop@awenmeirion.com
www.awenmeirion.com

Awen Menai
17 Stryd Fawr, Porthaethwy, Ynys Môn LL59 5EE ☎ 01248 715532
awenmenai@gmail.com
www.arystrydfawr.com

Awen Teifi
23 Stryd Fawr, Aberteifi SA43 1HJ
☎ 01239 621370
awen.teifi@btconnect.com www.awenteifi.co

Bys a Bawd
29 Stryd Ddinbych, Llanrwst, Conwy LL26 0LL ☎ 01492 641329
berry@bysabawd.cymru
www.bysabawd.cymru

Caban
169 Heol y Brenin, Pontcanna, Caerdydd CF11 9DE ☎ 029 20 342223
siopcabancanna@gmail.com

Cant a Mil
Cyswllt: Jo Knell, 11 Whitchurch Road, Caerdydd CF14 3JN
jo@cantamil.com
www.cantamil.com

Canolfan Hanes Uwchgwyrfai
Clynnog Fawr, Caernarfon, Gwynedd LL54 5BT ☎ 01286 660853 / 660655
hanes.uwchgwyrfai@gmail.com

Cerdd Ystwyth Music
Cyswllt: Joanne Julier, 7 Heol Portland Uchaf, Aberystwyth, Ceredigion SY23 2DT ☎ 01970 623382
01970 627563
music@cerddystwyth.co.uk
www.cerddystwyth.co.uk

Croeso Cynnes
57 Heol y Brenin, Caerfyrddin, Sir Gaerfyrddin SA31 1BD
☎ 01267 231133
croesocynnes@gmail.com
Facebook: www.facebook.com/croesocynnes

Cwpwrdd Cornel
Uned 2, Canolfan y Ffowndri, Stryd Fawr, Llangefni, Ynys Môn LL77 7LT
☎ 01248 750218
cwpwrddcornel@gmail.com
www.arystrydfawr.com

Y Cwtsh
11–17 Heol Colbrook, Pontyberem, Llanelli, Sir Gaerfyrddin SA15 5HU
☎ 01269 871300
post@y-cwtsh.co.uk
www.cwtshgloyn.co.uk

Cyfoes
6 Stryd y Cei, Rhydaman, Sir Gaerfyrddin SA18 3DB
Hengwrt, 8 Stryd Caerfyrddin, Llandeilo SA19 6AE
☎ 01269 595777 post@cyfoes.cymru
cyfoes.cymru

Elfair
18 Stryd Clwyd, Rhuthun, Sir Ddinbych LL15 1HW ☎ 01824 702575

Gray Thomas
9–11 Pendeitsh, Caernarfon, Gwynedd LL55 2AU ☎ 01286 672602
post@gray-thomas.co.uk

Griffin Books
9a Windsor Road, Penarth CF64 1JB
☎ 029 20 706455
info@griffinbooks.co.uk
www.griffinbooks.co.uk

Gwales *(Gwasanaeth rhestru llyfrau ar-lein Cyngor Llyfrau Cymru)*
www.gwales.com

Igam Ogam
103 Stryd Rhosmaen, Llandeilo, Sir Gaerfyrddin SA19 6HA
☎ 01558 822698
igamogam103@gmail.com
www.igamogamgifts.co.uk

Inc
13 Stryd y Bont, Aberystwyth, Ceredigion ☎ 01970 626200
angharadinc@hotmail.co.uk
www.siopinc.com

Llên Llŷn
Cyswllt: Llifon Jones, 5-6 Rhes Meitr, Pwllheli, Gwynedd LL53 5HE
☎ 01758 612907
llenllyn@btconnect.com

Llyfrau'r Enfys
Cyswllt: Vikki Alexander, Canolfan Soar, Pontmorlais, Merthyr Tudful CF47 8UB
☎ 01685 722176 ☎ 07956 555265
Facebook/Trydar/Insta: LlyfraurEnfys

Palas Print
Cyswllt: Eirian James, 10 Stryd y Plas, Caernarfon, Gwynedd LL55 1RR
☎ 01286 674631
eirian@palasprint.com
www.palasprint.com

Pethe Powys
Cyswllt: Rhisiart ap Rhys, 8 Stryd Hafren, Y Trallwng, Powys SY21 7AB
☎ 01938 554540
rhisiartaprhys@sky.com

Rhiannon
Y Ganolfan Geltaidd, Tregaron, Ceredigion SY25 6JL ☎ 01974 298415
post@rhiannon.co.uk
www.rhiannon.co.uk

Siop Clwyd
33 Stryd Fawr, Dinbych LL16 3HY
☎ 01745 813431

Siop Cwlwm
33 Bailey Street, Croesoswallt, Swydd Amwythig, SY11 1PX ☎ 07814 033759
post@siopcwlwm.co.uk
www.siopcwlwm.co.uk

Siop Dewi
Dewi Lewis, Stryd Fawr, Penrhyndeudraeth, Gwynedd LL48 6BN
☎ 01766 770266

Siop Dewin a Doti
Canolfan Integredig Mudiad Meithrin, Boulevard de Saint-Brieuc, Aberystwyth, Ceredigion SY23 1PD ☎ 01970 639639
01970 39638
post@meithrin.co.uk
www.meithrin.cymru/siop/

Siop Eifionydd
Cyswllt: Linda Edwards (perchennog), 154 Stryd Fawr, Porthmadog, Gwynedd LL49 9NU ☎ 01766 514045
siopeifionydd@hotmail.com

Siop Lyfrau Lewis
21 Heol Madoc, Llandudno LL30 2TL
☎ 01492 877700
TrystanLewis@aol.com

Siop Lyfrau'r Hen Bost
Cyswllt: Elin Angharad, 45 Stryd Fawr, Blaenau Ffestiniog, Gwynedd LL41 3AA ☎ 01766 831802

Siop Na-nOg
16 Y Maes, Caernarfon, Gwynedd LL55 2NE ☎ 01286 676946
www.na-nog.com

Siop Siân
London House, Crymych, Sir Benfro SA41 3QE ☎ 01239 831230

Siop y Bont
Maldwyn ac Ann Owen, 2 Balmoral Close, Penycoedcae, Pontypridd CF37 1XE ☎ 07970 693339
siopybont@yahoo.com
www.siopybont.co.uk

Siop y Felin
Uned 3, 54–60 Heol Merthyr, Yr Eglwys Newydd, Caerdydd CF14 1DJ
☎ 029 20 692999
shan@siopyfelin.co.uk

Siop y Lolfa
Talybont, Ceredigion SY24 5HE
☎ 01970 832304 01970 832782
ylolfa@ylolfa.com www.ylolfa.com

Siop y Morfa
d/o Blaen y Coed, Ffordd Derwen, Y Rhyl, Sir Ddinbych LL18 2LS
☎ 07736 543156 ☎ 01745 351896
dafydd@siopymorfa.cymru

Siop y Pentan
Y Farchnad Newydd, Caerfyrddin SA31 1QY ☎ 01267 235044
siopypentan@tiscali.co.uk

Siop y Pethe
3 Sgwâr Owain Glyndŵr, Aberystwyth, Ceredigion SY23 2JH ☎ 01970 617120
post@siopypethe.cymru
www.siopypethe.cymru/cy/

Siop y Siswrn
6–8 Stryd Newydd, Yr Wyddgrug, Sir y Fflint CH7 1NZ ☎ 01352 753200
siopysiswrn@aol.com
www.siopysiswrn.com

Siop y Smotyn Du
32 Stryd Fawr, Llanbedr Pont Steffan, Ceredigion SA48 7BB
☎ 01570 422 587

Siop Tŷ Tawe
Tŷ Tawe, 9 Stryd Christina, Abertawe SA1 4EW ☎ 01792 456856
siop@sioptytawe.co.uk
sioptytawe.co.uk

Y Stiwdio Gerdd
4 Nott Square, Caerfyrddin, Sir Gaerfyrddin SA31 1PG
☎ 01267 223108

Warws Gerdd / Pianos Cymru
154 Y Stryd Fawr (tu ôl Swyddfa'r Heddlu), Porthmadog, Gwynedd LL49 9NU ☎ 01766 515292
salescounter@pianoscymru.com
www.pianoscymru.com

MENTRAU IAITH

www.mentrauiaith.cymru

Canolfan a Menter Gymraeg Merthyr Tudful
Canolfan Soar, Pontmorlais, Merthyr Tudful CF47 8UB ☎ 01685 722176
merthyrtudful.com
swyddfasoar@merthyrtudful.com

CERED – Menter Iaith Ceredigion
Y Ganolfan, Campws Felin-fach, Dyffryn Aeron, Ceredigion SA48 8AF
☎ 01545 570881 cered.cymru
cered@ceredigion.gov.uk

Hunaniaith: Menter Iaith Gwynedd
Cyngor Gwynedd, Stryd y Jêl, Caernarfon, Gwynedd LL55 1SH
☎ 01286 679452
hunaniaith@gwynedd.llyw.cymru

Menter Bro Ogwr
Tŷ'r Ysgol, Pen yr Ysgol, Maesteg, Pen-y-bont ar Ogwr CF34 9YE
☎ 01656 732200
menter@broogwr.org
menterbroogwr.cymru

Menter Brycheiniog a Maesyfed
Cyswllt: Tudur Rees (Cydlynydd), Neuadd Maescar, Iard yr Orsaf, Pontsenni LD3 8RR ☎ 07776 296267
menterbrycheiniog@gmail.com

Menter Caerdydd
Yr Hen Lyfrgell, Yr Ais / The Hayes, Caerdydd CF10 1BH ☎ 029 20 689888
post@mentercaerdydd.cymru
mentercaerdydd.cymru

Menter Cwm Gwendraeth Elli
11–17 Heol Coalbrook, Pontyberem, Sir Gaerfyrddin SA15 5HU
☎ 01269 871600

Menter Dinefwr
Hengwrt, 8 Stryd Caerfyrddin, Llandeilo SA19 6AE
Cyfoes, 6 Stryd y Cei, Rhydaman SA18 3DB ☎ 01558 263123
post@menterdinefwr.cymru

Menter Gorllewin Sir Gâr
Llawr 1af CCF Cyf., Stryd y Bont, Castellnewydd Emlyn, Sir Gaerfyrddin SA38 9DX ☎ 01239 712934
Swyddfa Caerfyrddin: Yr Atom, 18 Stryd y Brenin, Caerfyrddin, Sir Gâr SA31 1BN dewi@mgsg.cymru
mentergorllewinsirgar.cymru

Menter Iaith Abertawe
Tŷ Tawe, 9 Stryd Christina, Abertawe SA1 4EW ☎ 01792 460906
swyddfa@menterabertawe.org
menterabertawe.org

Menter Iaith Blaenau Gwent, Torfaen a Mynwy
Llawr 1af Gogledd, Tŷ Mamhilad, Ystâd Parc Mamhilad, Pont-y-pŵl NP4 0HZ ☎ 01495 755861
gwybodaeth@menterbgtm.cymru
menterbgtm.cymru

Menter Iaith Bro Morgannwg
Yr Hen Lyfrgell, Yr Ais / The Hayes, Caerdydd CF10 1BH
☎ 029 20 689888
michael@menterbromorgannwg.cymru menterbromorgannwg.org

Menter Iaith Casnewydd
Llawr D, Prifysgol De Cymru, Usk Way, Casnewydd NP20 2BP ☎ 01633 432101
post@mentercasnewydd.cymru
mentercasnewydd.cymru

Menter Iaith Castell-nedd Port Talbot
Cyswllt: Bethan Crosby (Prif Swyddog), Tŷ'r Gwrhyd, Stryd Holly, Pontardawe, Abertawe SA8 4ET ☎ 01639 763819
menter@micnpt.cymru
micnpt.cymru

Menter Iaith Conwy
22 Y Sgwâr, Llanrwst, Sir Conwy LL26 0LD ☎ 01492 642357
post@miconwy.org
miconwy.cymru

Menter Iaith Fflint a Wrecsam
Cyswllt: Gill Stephen
Corlan, Uned 3, Parc Busnes yr Wyddgrug, Ffordd Wrecsam, Yr Wyddgrug, Sir y Fflint CH7 1XP
☎ 01352 744040
gwybod@menterfflintwrecsam.cymru
menterfflintwrecsam.cymru/

Menter Iaith Maldwyn
Y Groes, Stryd Lydan, Y Drenewydd, Powys SY16 2BB ☎ 01686 610010
mentermaldwyn.cymru
post@mentermaldwyn.org

Menter Iaith Môn
Neuadd y Dref, Sgwâr Bulkeley,
Llangefni, Ynys Môn LL77 7LR
☎ 01248 725700
iaith@mentermon.com
menteriaithmon.cymru

Menter Iaith Rhondda Cynon Taf
Yr Hen Lyfrgell, 47 Heol Pontypridd,
Y Porth CF39 9PG ☎ 01443 407570
post@menteriaith.cymru
menteriaith.cymru

Menter Iaith Sir Benfro
Tŷ'r Ysgol, Ysgol y Preseli, Crymych
SA41 3QH ☎ 01239 831129
Canolfan Ddysgu Gymunedol, Ysgol Bro Gwaun, Heol Dyfed, Abergwaun, Sir Benfro SA65 9DT ☎ 01348 873700
ymholiad@mentersirbenfro.com
mentersirbenfro.com

Menter Iaith Sir Caerffili
Suite 1, Parc St Margaret, Ffordd Pengam, Aberbargod, Caerffili
CF81 9FW ☎ 01443 820913
gwybodaeth@mentercaerffili.cymru
mentercaerffili.cymru

Menter Iaith Sir Ddinbych
6 Heigad, Dinbych, Sir Ddinbych
LL16 3LE ☎ 01745 812822
menter@misirddinbych.cymru
www.misirddinbych.cymru
Facebook: Menter Iaith Sir Ddinbych
Trydar/Twitter: @MIDinbych

Mentrau Iaith Cymru
22 Y Sgwâr, Llanrwst, Sir Conwy
LL26 0LD ☎ 01492 643401
post@mentrauiaith.cymru
www.mentrauiaith.cymru

PAPURAU BRO

Community Newspapers

Yr Angor
Aberystwyth, Comins Coch, Llanbadarn Fawr, Penparcau a'r Waunfawr:
Cyswllt: David Greaney, 4 Tŷ Mawr, Llanbadarn Fawr, Aberystwyth, Ceredigion SY23 3RF ☎ 01970 617948 yrangor@hotmail.co.uk

Yr Angor
Cymry Glannau Merswy
Gol: D. Ben Rees, 32 Garth Drive, Lerpwl L18 6HW ☎ 0151 7241989
☎ 0151 7245691
benatgarthdrive@talktalk.net
www.liverpool-welsh.co.uk

Yr Arwydd
Cylch Mynydd Bodafon
Ysg: R. Geraint Thomas, Wenllys, Ffordd Porthllechog, Amlwch, Ynys Môn
LL68 9EA ☎ 01407 830552
geraintthomas123@btinternet.com

Y Barcud
Tregaron a'r Cylch: Cad: Rhiannon Parry, Bwlch Dal Owen, Lôn Rhycygwin, Blaenplwyf, Aberystwyth, Ceredigion
SY23 4QW ☎ 01970 627311

Y Bedol
Rhuthun a'r Cylch: Ysg. Gweinyddol: Menna E Jones, Erw Fair, Tan y Castell, Rhuthun, LL15 1DQ ☎ 01824 704350
morfuddmenna@boyns.cymru

Y Bigwn
Dinbych: Ysg: Siân Rogers
siani@hotmail.com

Y Blewyn Glas
Bro Ddyfi: Ysg: Carys Jones, Maesterran, Penegoes, Machynlleth, Powys SY20 8UW ☎ 01654 702458
maesterran@btopenworld.com

Y Cardi Bach
Hendy-gwyn a San Clêr: Gol. Eurfyl Lewis, Lluest, Llanglydwen, Hendy Gwyn ar Daf, Sir Gar, SA34 0XP ☎ 01994 419495
ycardibach@btinternet.com
www.ycardibach.cymru
Facebook: Y Cardi Bach

Clebran
Sir Benfro
Cyswllt: Rachel Philipps, Porth Mawr, Boncath, Sir Benfro SA37 0LA
☎ 01239 841457
Rachelphilipps@googlemail.com

Clochdar
Cwm Cynon: Cyswllt: Susan Jenkins, 11 Belmont Terrace, Aberdâr CF44 6UW
☎ 01685 882165
clochdar@gmail.com

Clonc
Llanbedr Pont Steffan a'r Fro
Ysg: Mary Davies, Maesglas, Dre-fach, Llanybydder SA40 9YB ☎ 01570 480015
ysgrifennydd@clonc.co.uk
www.clonc.co.uk

Cwmni
Cymoedd Rhymni, yr Aber, Ebwy a Sirhywi
Cadeirydd: Robert Dutt
Golygydd: Ben Jones
☎ 029 20 862428
benamary2000@yahoo.co.uk
Ysgrifennydd: Marian Fairclough
☎ 029 20 885151
faircloughme@aol.com

Y Cyfnod
Ardaloedd Penllyn ac Edeyrnion
Cyswllt / Golygydd: Sian Teleri, Hesgin, Canolfan Henblas, Stryd Fawr, Y Bala, Gwynedd LL23 7AE ☎ 01678 520759
ycyfnod@gmail.com

Dail Dysynni
Dyffryn Dysynni
Ysg: Arwel Pierce, Llain y Grug, Bryncrug, Tywyn, Gwynedd LL36 9RB
☎ 01654 711470

Y Dinesydd
Caerdydd a'r Fro:
www.dinesydd.cymru

Y Dwrgi
Papur Bro Tref Aberteifi
Cyswllt: Catrin Miles, Ardwyn, Spring Gardens, Heol Llandudoch, Aberteifi SA43 3AU ☎ 01239 613637
☎ 07854 026141 post@ydwrgi.com

Y Ddolen
Cymoedd Ystwyth i Wyre
Ysg: Hawys Hughes, Dolgwybedin, Llanafan, Aberystwyth, Ceredigion SY23 4AX ☎ 01974 261221
y.ddolen@googlemail.com

Eco'r Wyddfa
Plwyfi Llanrug, Llanberis a Llanddeiniolen
Cadeirydd: Tony Elliott, Bwlch Cae Mawr, Deiniolen, Gwynedd LL55 3LU ☎ 07798 552238
tonyelliott17@yahoo.com

Fforwm Papurau Bro Ceredigion
Ysg: Steffan Rees
☎ 01545 572350
cered@ceredigion.gov.uk
http://www.trefeurig.org/uploads/papuraubro915.pdf

Y Ffynnon
Eifionydd: Ysg: Catrin Evans, Gwenfro, Lôn Tŷ'r Gof, Y Ffôr, Pwllheli, Gwynedd LL53 6UF ☎ 07769 452634
gevans36@btinternet.com

Y Gadlas
Y fro rhwng Conwy a Chlwyd: Swyddfa'r Gadlas, Canol y Llan, Llansannan, Dinbych, Conwy LL16 5HG
☎ 01745 870357
Ysg: Glenys Williams ☎ 01745 870397
ygadlas@outlook.com

Y Gambo
De-orllewin Ceredigion: Ysg: John Davies, Y Graig, Aberporth, Aberteifi, Ceredigion SA43 2DU ☎ 01239 810555
johnygraig@tiscali.co.uk

Y Garthen
Dyffryn Teifi: Cyswllt: Yvonne Griffiths, Y Felin, Gwyddgrug, Pencader, Sir Gaerfyrddin SA39 9AX
☎ 01559 384468
ygarthen@yahoo.com
yvonneg43@gmail.com
ygarthen.btck.co.uk

Y Glannau
Glannau Clwyd a Gwaelod y Dyffryn
Ysg: Marilyn Davies, 12 Fforddlas, Prestatyn, Sir Ddinbych LL19 9SG
☎ 01745 856599
glannau@hotmail.co.uk

Glo Mân
Dyffryn Aman: Ysg: Edwyn Williams, 137 Heol Saron, Saron, Rhydaman SA18 3LN
☎ 01269 591469
edwyn1958@gmail.com
www.facebook.com/glo.man.37/
https://twitter.com/PapurBroGloMan

Y Gloran
Blaenau'r Rhondda Fawr: Cyswllt: Cennard Davies, Brynmyrtwydd, Treorci, Rhondda Cynon Taf CF42 6PF ☎ 01443 435563
ygloran@hotmail.com

Y Glorian
Cefni a'r cylch
Ysg: Llifon Jones, Cynefin, 5 Stad Cynlas, Gaerwen, Ynys Môn LL60 6DQ
☎ 01248 422573 ☎ 07873 443258
yglorian@outlook.com

Goriad
Bangor a'r Felinheli: Ysg: Howard Huws, 26 Pen y Ffridd, Penrhosgarnedd, Bangor LL57 2LZ ☎ 07870 797655
cyfarchiad@yahoo.co.uk

Yr Hogwr
Cylch Pen-y-bont ar Ogwr
Cyswllt: Amanda Evans, Menter Bro Ogwr, Tŷ'r Ysgol, Pen yr Ysgol, Maesteg CF34 9YE
yrhogwr@menterbroogwr.cymru
Gol: Lloyd Evans
levans.mbo@gmail.com

Llafar Bro
'Stiniog a'r cylch
Ysg: Shian Jones, 4 Ffordd Benar, Blaenau Ffestiniog, Gwynedd
shian.jones@yahoo.com
Hysbysebion: Glyn Daniels, 66 Fron Fawr, Blaenau Ffestiniog, Gwynedd
glyndanz@hotmail.co.uk

Llais
Cwm Tawe a'r cylch: Cadeirydd: Gareth Richards, Tŷ'r Gwrhyd, Stryd y Gelynnen, Pontardawe SA8 4ET ☎ 01792 846024
papurbrollais@gmail.com
papurbrollais.cymru
Trydar: @papurbroLlais
Facebook: PapurBroLlais

Llais Aeron
Dyffryn Aeron
Ysg: Mrs Beti Davies, Sychpant, Talsarn, Llanbedr Pont Steffan SA48 8QD
☎ 01570 470350

Llais Ardudwy
Ardudwy
Cyswllt: Phil Mostert, Bryn Awel, Ffordd Uchaf, Harlech, Gwynedd LL46 2SS
☎ 01766 780635
pmostert56@gmail.com

Llais Ogwan
Dyffryn Ogwen: Ysg: Gareth Llwyd, Talgarnedd, 3 Sgwâr Buddug, Bethesda, Gwynedd LL57 3AH ☎ 01248 601415
garethllwyd197@btinternet.com
www.llaisogwan.com
Trefnydd hysbysebion: Neville Hughes
☎ 01248 600853

Llanw Llŷn
Pen Llŷn
Ysg: Janet Roberts, Sgubor Feilir, Abererch, Pwllheli, Gwynedd LL53 6YH
☎ 01758 720846 janet@sgubor.co.uk
www.facebook.com/llanwllyn

Lleu
Dyffryn Nantlle
Ysg: Carys Vaughan Jones, Hafod y Gân, Ffordd Clynnog, Pen-y-groes, Gwynedd LL54 6NS ☎ 01286 880521
papurbro.lleu@googlemail.com

Y Llien Gwyn
Abergwaun a'r cylch
Gol: Bonni Davies, Penlanwynt, Cwm Gwaun, Trefdraeth, Sir Benfro SA65 9TU ☎ 01239 820333

Y Lloffwr
Cylch Dinefwr
Gol: Mansel Charles, Sarn Gelli, Llanegwad, Nantgaredig, Caerfyrddin, Sir Gaerfyrddin ☎ 01558 668823
☎ 07970 031888
post@ylloffwr.cymru
www.ylloffwr.cymru

Llygad y Dydd
Dolgellau a'r Cylch
Ysg: Buddug Hughes, Afallon, 6 Cae Gwalia, Llanuwchllyn, Y Bala, Gwynedd LL23 7NA ☎ 01678 540545
golygydd@llygadydydd.cymru
www.llygadydydd.cymru

Nene
Ponciau, Penycae, Johnstown a Rhosllannerchrugog
Gol: Gareth P Hughes, 76 Stryd Osborne, Rhosllannerchrugog, Wrecsam LL14 2HT
☎ 01978 842075
Cyswllt: Gwynne Williams
☎ 01978 841386

Yr Odyn
Nant Conwy
Ysg: Meri Williams, Cefn Rhydd, Capel Garmon, Llanrwst, Gwynedd LL26 0RP
☎ 01690 710688

Papur Dre
Caernarfon: Cad: Glyn Tomos, Borthwen, Ael y Garth, Caernarfon, Gwynedd LL55 1HA ☎ 01286 674980
papurdre@gmail.com

Papur Fama
Yr Wyddgrug a'r Cylch
Gol: Harri Bryn Jones, Maes Gwern, Ffordd Hengoed, Bryn Coch Uchaf, Yr Wyddgrug CH7 1QD ☎ 01352 756606
papurfama@hotmail.co uk

Papur Menai
Glan Menai, o Benmon i Ddwyran
Gol: Golygydd y mis
papurmenai@gmail.com

Papur Pawb
Talybont, Taliesin, Tre'r Ddôl
Gol. cyffredinol: Gwyn Jenkins, Maesgwyn, Talybont, Ceredigion SY24 5DY ☎ 01970 832560
golygydd@papurpawb.com
www.papurpawb.com

Y Pentan
Dyffryn Conwy a'r Glannau
Ysg: Eluned Jones, Rhiwen 351 Ffordd Conwy, Mochdre, Bae Colwyn, Conwy LL28 5AL ☎ 01492 540367
elunedypentan@gmail.com

Pethe Penllyn
O Bum Plwy Penllyn hyd at Gynwyd
Cysodwr: Dylan N Jones, Tanyfron, 105 Stryd Fawr, Y Bala, Gwynedd LL23 7AE ☎ 01678 521229
dylannereus@btinternet.com

Plu'r Gweunydd
Y Foel, Llangadfan, Llanerfyl Llanfair Caereinion, Adfa, Cefn Coch, Llwydiarth, Llangynyw, Dolanog, Rhiwhiraeth, Pontrobert, Meifod a'r Trallwng
Gol: Catrin Hughes, Llais Afon, Llangadfan, Y Trallwng, Powys SY21 0PW ☎ 01938 820594
CatrinHghs@aol.com
plurgweunydd.cymru

Y Rhwyd
Gogledd-orllewin Ynys Môn
Ysg: Owena Wyn Jones, Llifon, Ffordd Trearddur, Y Fali, Ynys Môn LL65 3EY
☎ 01407 740 072

Seren Hafren
Dyffryn Hafren
Ysg: Mrs Nelian Richards, Ger y Parc, Dolerw Park Drive, Y Drenewydd, Powys SY16 2BA ☎ 01686 627410
nelianrichards@gmail.com

Tafod-Elái
Taf Elái: Gol: Penri Williams, Hendre, 4 Pantbach, Pentyrch, Caerdydd CF15 9TG
☎ 029 20 890040
pentyrch@tafelai.com
www.tafelai.com

Tafod Tafwys
I ddysgwyr yn Llundain
d/o Lynne Davies, Heol yr Orsaf, Llanisien, Caerdydd CF14 5LU
☎ 029 20 753587

Y Tincer
Genau'r Glyn, Llangorwen, Tirymynach, Trefeurig a'r Borth
Gol: Ceris Gruffudd, Rhos Helyg, 23 Maesyrefail, Penrhyn-coch, Aberystwyth, Ceredigion SY23 3HE ☎ 01970 828017
ceris.gruffudd@gmail.com

Wilia
Abertawe a'r Cylch
Gol: Heini Gruffudd, Hafan, 2 Lôn Rhianfa, Ffynhonne, Abertawe SA1 6DJ
☎ 01792 455410 (neu ☎ 01792 460906 am Menter Iaith Abertawe)
wilia@hotmail.co.uk
www.menterabertawe.org/cymraeg/wilia

Yr Wylan
Penrhyndeudraeth, Porthmadog, Beddgelert a'r cylch
Cad: Aled L. Ellis, Ynys Tywyn, Minffordd, Penrhyndeudraeth, Gwynedd LL48 6EF
☎ 01766 770421
helenelis@btinternet.com

Yr Ysgub
Dyffrynnoedd Ceiriog, Tanat a Chain
Ysg: Alwenna Evans, Y Dderwen, Llanfyllin, Powys SY22 5HZ
☎ 01691 648787
alwennaevans@yahoo.co.uk

SEFYDLIADAU

Institutions

Am y rhestr cyflawn ewch i ***www.ylolfa.com***

Cymdeithas y Cymod yng Nghymru
(Tangnefeddwyr Cristnogol Eciwmenaidd)
Cyswllt: Jane Harries (Cydlynydd), 42 St Patrick's Drive, Pen-y-bont ar Ogwr CF31 1RP ☎ 01656 768910
☎ 07720 087132
cymdeithasycymod@gmail.com

Sioe Addysg Genedlaethol
Cyswllt: Einir Williams (Cyfarwyddwr) 27 Morfa Gaseg, Llanfrothen, Gwynedd LL48 6BH ☎ 01766 772927
einir@sioeaddysggenedlaethol.com
www.sioeaddysggenedlaethol.com

Gofalwn Cymru / WeCare Wales
Cyswllt: Ceri Gethin, 7fed Llawr, South Gate House, Wood Street, Caerdydd CF10 1EW ☎ 029 20 780579 cyswllt@gofalwn.cymru
contact@wecare.wales www.gofalwn.cymru

THEATRAU A CHWMNÏAU THEATR

Theatres and Theatre Companies

Am y rhestr cyflawn ewch i ***www.ylolfa.com***

Theatr Bara Caws
Uned A1, Stad Ddiwydiannol Cibyn, Caernarfon, Gwynedd LL55 2BD
☎ 01286 676335
www.theatrbaracaws.com

odiadau

Nodiadau

Nodiadau

Nodiadau

2025

ffeiloffaith

- Y Ffeiloffaith Cymraeg
- Cyfeiriadur o sefydliadau Cymreig
- Wythnos i ddwy dudalen

y lolfa

ISBN: 978-1-80099-593-2

9 781800 995932

£6.99